即やせ確定!

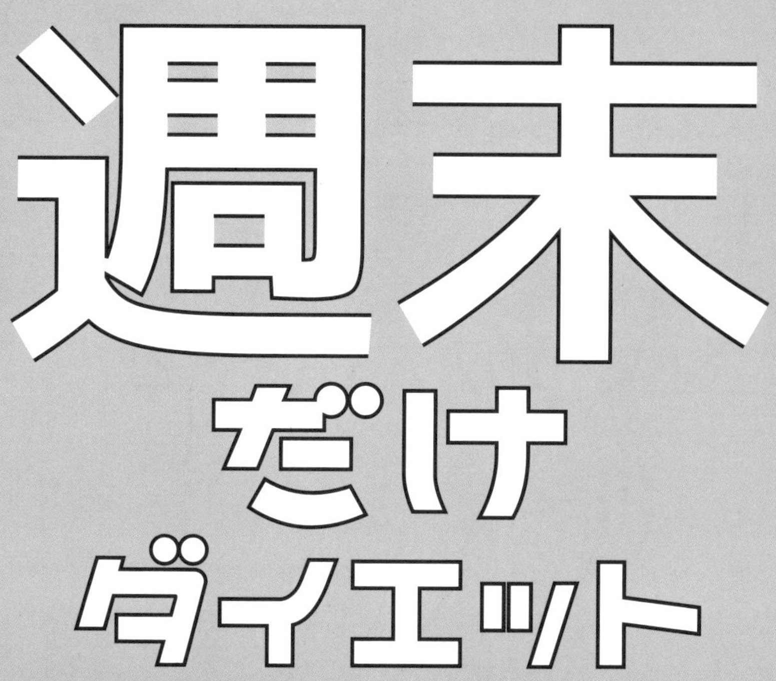

女性専門パーソナルトレーナー
石本哲郎

平日は好きに食べて

週末だけで2kgやせ!

「週末だけでいい」
プロが編み出した、
たった2日で美ボディになれる
最強のダイエット法

「ダイエットをしてるつもりだけど、体重が全然変わらないな……」

そんな万年ダイエッターのあなたを救う

2日間の集中プログラムが〝週末だけダイエット〟です。

まずは、次のページからの「やせる時間割」をざっと見てください。

これは、のべ1万人以上の女性にダイエットを指導してきた

僕の経験と理論をもとに、

2日間で最大限のダイエット成果が上がるよう、

綿密に立てたスケジュールです。

パッと見、「スケジュールが細かいなぁ」と思われるかもしれませんね。
でも、すべての行動にダイエット＆ボディメイクの効率を上げるための意味があります。
3日目の朝には、お腹まわりや、フェイスラインがスッキリし、脂肪とともにむくみもとれ、週末だけで体重2kg減も夢ではありません。
平日の5日間は普段通りの食事を楽しんでOK。
さらに、平日は筋トレや有酸素運動をする必要はありません。
むしろ、食事制限や運動を毎日続けてしまうと、やせにくくなるんです。

頑張るのは週末だけ！このメリハリがダイエットを成功に導く

やせる時間割

まずは週末の2日間をどのように過ごすのか、
流れを見ていきましょう。

タイムスケジュール 1日目

P14 起床 Start

トイレに行った後に体重と体脂肪率を計測。
さらにタイトな服で全身をチェック。

P16 動的ストレッチ

午前中に行う上半身の筋トレを効果的に行うための、胸、肩、肩甲骨まわりのストレッチ。

P24 朝ごはん

2時間後

筋トレ効果と1日の代謝UP効果を最大限引き出す食事をとる。

P32 筋トレ

5～10分休憩

朝ごはんを食べ始めてから2時間後にトレーニングをスタート。上半身の筋肉のみを狙い撃ちして約30分間鍛えていく。

P38 有酸素 1回目

1回目の有酸素運動は、消費カロリーを大きく出せるこのタイミングで。約30分間行う。

Continue

P42

昼ごはん

有酸素運動が終わって1〜2時間後に、筋肉の回復を促し、健康・美容にもメリットのある食事をとる。

P52

間食 有酸素2回目

筋肉を落とさないために間食でたんぱく質を補う。
2回目の有酸素運動の前に、運動効果を最大限高めるカフェインを補給。「やる気の前借り」をして、1時間きっちり動き回ること！
有酸素運動を終えたら、今度は疲労回復ドリンクを活用して。

P58

晩ごはん

睡眠の質と明日の朝に行う筋トレ効果を高める食事をとる。

P66

静的ストレッチ

カラダを休息モードに切り替える3つのストレッチ。
1日の疲れをとって明日へ備えて。

P74

入浴 就寝

ゆっくり湯船に浸かって、副交感神経を高め、しっかり眠れるように整えて。7時間前後の睡眠で、成長ホルモンの分泌を高め、筋肉の修復と疲労回復タイムに。

2日目

タイムスケジュール

Start

P80 起床

体重と体脂肪率を測定。
体重が減っていればもちろん嬉しいが、
減っていなくても問題なし。
3日目朝の測定が本番。

P82 動的ストレッチ

1日目の疲れを考慮した、布団で行えるストレッチ。
お尻、股関節、内ももまわりをほぐす。

P88 朝ごはん

基本は1日目と同じで問題なし。
筋トレでパワーが出るように、
このタイミングでしっかり食べよう。

2時間後

P96 筋トレ

朝ごはんスタートから2時間後に、下半身の筋トレを。
代謝アップだけでなく、
ヒップアップや脚やせも叶える種目を行う。

5〜10分休憩

P38 有酸素 1回目

1日目と同様、体脂肪のみが落ちやすいこのタイミングで
有酸素運動を頑張ろう!

3日目

P122 起床

『週末だけダイエット』が終了した翌日も、トイレに行ったら体重測定。2日間の成果を確認! 体重や体脂肪率の数値だけでなく、洋服を着たときに余裕が出ていたり、フェイスラインがスッキリするなどの見た目の変化も感じられるはず。

この「時間割」の流れを守っていれば、
あとは何をやっても構いません。
家事をしたり、時間が空いたらゴロゴロしてもいいんです。

Continue

昼ごはん
P102

有酸素運動が終わって1～2時間後に1日目とメニューがガラリと変わった、アンチエイジング・むくみ対策・美容効果アップを最優先にした食事をとる。

間食 有酸素2回目
P110

1日目と同様の流れ。『週末だけダイエット』の最後の有酸素運動なので、悔いが残らないようにやりきろう！

晩ごはん
P112

明日最大限の結果が出せるように、むくみを完全にとり去り、カラダの調子を最高に整える食事をとる。

静的ストレッチ
P66

2日間の筋肉疲労がしっかりとれるように1日目と同じ静的ストレッチを。

入浴 就寝
P118

エプソムソルト入りの湯船にゆっくり浸かって、しっかり睡眠をとりましょう。翌朝の体重測定をお楽しみに!!

Contents

PART 1

思いきって食べるなら「金曜日の夜」に限る

いよいよ、明日から
週末だけダイエットが始まります。
いただきもののお菓子を食べたり、
家族や友達との外食の予定を入れたりするなら
金曜の夜がベスト。
なぜなら、平日の中でこのタイミングの食事のみ、
「週末だけダイエット」の効率を
はね上げることができるため。
あえてたくさん食べる必要はありませんが、
どうしてもやんちゃしたい予定があるなら、
金曜日の夜に集中させましょう。

じゅー
じゅー

朝起きたら
動的ストレッチ。
1日の動きが
これだけで変わる

朝の〝動く〟ストレッチで活動モードにスイッチオン！

さぁ、今日から週末だけダイエットがスタートです！　まずは、〝朝起きてトイレに行った後〟に、体重と体脂肪率をチェックしましょう。測るタイミングや服装を揃えると、数値の変化がより正確に比べられます。

また、タイトなパンツやトップスを着てみて、ウエスト、太もも、二の腕などのキツさ、ハミ肉がないかなどを確かめておきます。ダイエット前の全身の写真を撮っておくのもオススメ。

次にするのは、朝や運動前に最適な動きを伴う「動的ストレッチ」です。**寝起きでボーッとしている状態のカラダを目覚めさせて活動モードにし、やる気を上げ**ます。さらに、**関節の可動域を広げ、午前中に行う筋トレで正しいフォームをとりやすく**しましょう。

1日目は上半身の筋トレなので、胸、肩、肩甲骨まわりなどをほぐします！

A

体側伸ばしデラックス

わき腹や背中、肩まわりまで一気にほぐせてしまう"デラックス"なストレッチ。
朝、上半身の筋トレ前に行うと
可動域が広がってパフォーマンスが上がり、筋トレ効果が倍増。

ここに効く! ●わき腹 ●背中 ●肩 ●股関節まわり

左右各30秒

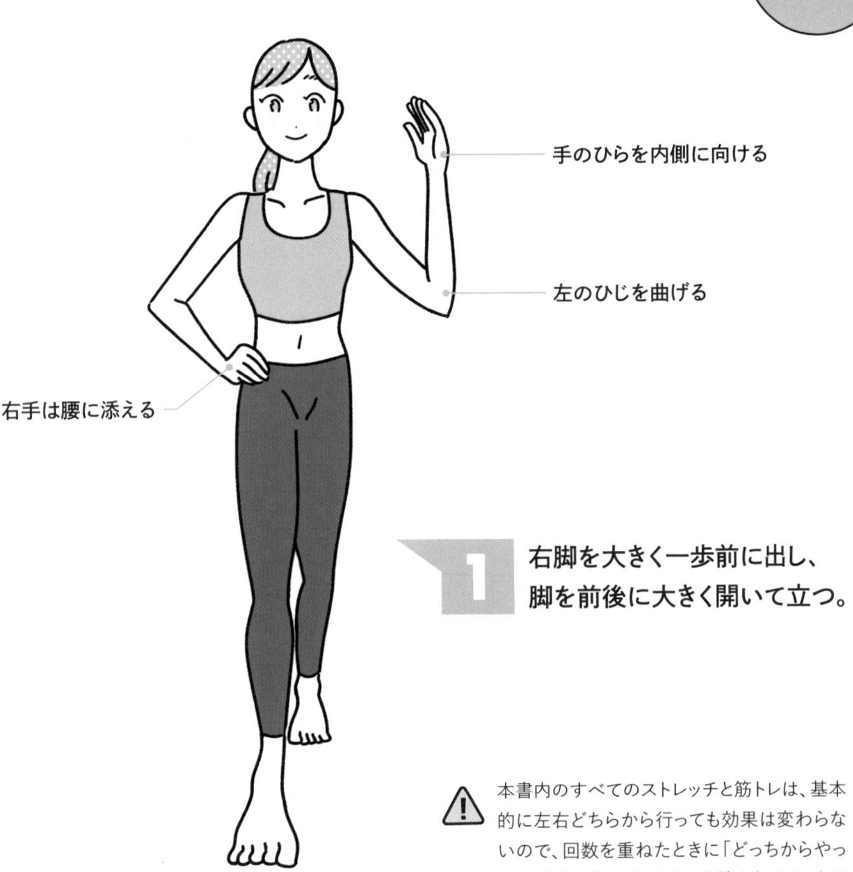
手のひらを内側に向ける
左のひじを曲げる
右手は腰に添える

1 右脚を大きく一歩前に出し、脚を前後に大きく開いて立つ。

⚠ 本書内のすべてのストレッチと筋トレは、基本的に左右どちらから行っても効果は変わらないので、回数を重ねたときに「どっちからやったっけ?」と忘れてしまうのを防ぐために、よほどのことがない限り、左からスタートしましょう。

これは NG

腕を真上に上げてしまう

腕を斜め上に上げて深くしゃがむと、わき腹や背中、脚の付け根が気持ちよく伸びます。

2 深くしゃがみながら、
左手を右斜め上に伸ばして
上体を右に曲げる。
右手でぐっと腰を押し込んでもOK。

伸ばした腕は
しっかり 1 の
ポーズまで戻して
なるべく深くしゃがむ

3 左ひじをしっかり引いて
腕をもとの位置に戻しながら、
1 の体勢になる。
1 → 2 を30秒繰り返す。
反対側も同様に行う。

B

ひじ寄せ胸伸ばし

朝、胸のストレッチでほぐしておくと上半身を動かしやすくなり、
筋トレ効果がアップ!
柔軟性が上がることで、1日中スタイルをよく見せることができます。

ここに効く! ●胸 ●肩

目線は正面を向いたまま

肩が上がらないようにリラックス

指先は下向きに

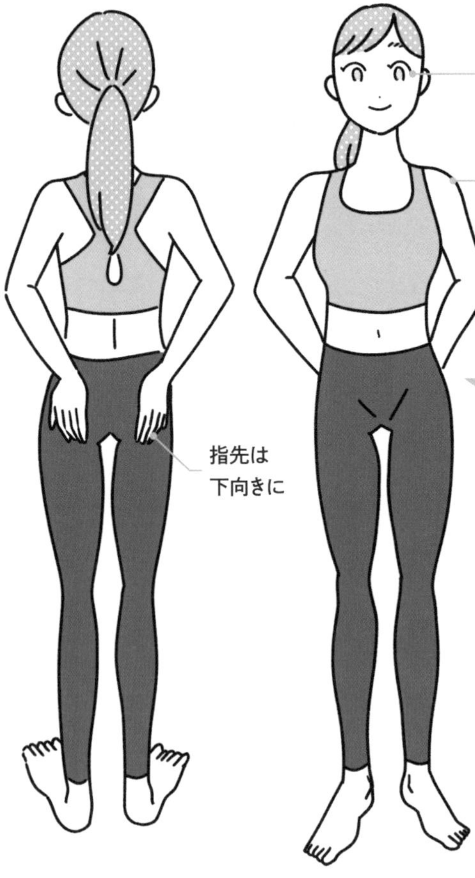

1 立って両手の手のひらをお尻に当てる。

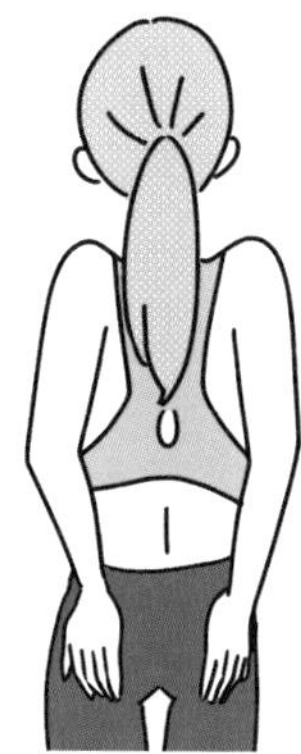

これはNG

ひじを近づけたときに肩が上がる

肩が上がってしまう場合は、お尻に当てる手の位置を少し下にしてみて。

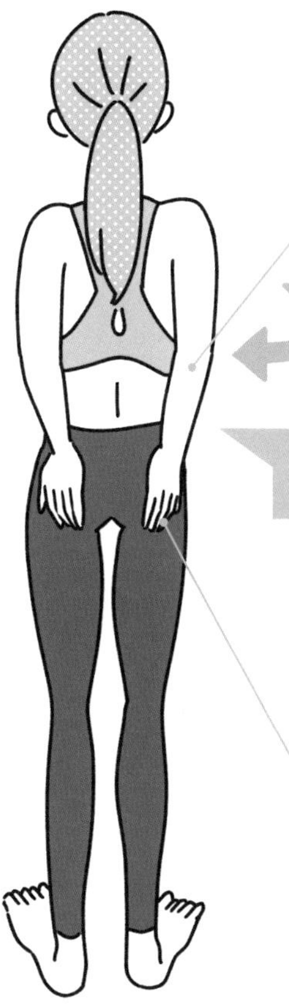

胸を張りにいくようにして、左右のひじを近づける

2 左右のひじをくっつけるイメージで内側に寄せてぐっと近づけ、しっかり胸を張って1秒キープ。力を少しゆるめてひじの位置を戻す。1→2を30秒繰り返す。

ひじを寄せても手のひらがお尻から離れないように

C

大きく肩回し

ひじをゆっくり大きく内回し・外回しするストレッチ。
肩関節や肩甲骨がぐりぐりとよく動くことで血流が良くなり、
肩や背中のだるさも改善して、1日元気に過ごせます。

ここに効く! ●肩甲骨まわり ●肩

1 立って左右の手の指先を肩につける。
ひじで大きく円を描くようにして、
ゆっくり外回しをする。
30秒繰り返す。

指先が肩につかない人は
できる範囲で近づけて。

これは **NG**

ひじを回す動きが小さい

ひじを大きく動かさないと効果が薄いので、
大げさなくらい動かして。

指先は肩から離れないようにキープ

ひじを大きく回すと、
肩や肩甲骨がぐりぐり動く！

2 ひじで大きな円を描くように、
ゆっくり内回しをする。
30秒繰り返す。

食事はライフスタイルに合ったものを3つのコースから選ぼう！

「週末だけダイエット」の食事は、「買うだけコース」と2つの「簡単レシピコース」に分けて紹介しますので自分の好みに合うものを選んでください。

忙しい人は、調理の手間がかからない「買うだけコース」に。自炊できる人は「簡単レシピコース」にトライ！朝・昼は「買うだけコース」のメニューにし、時間に余裕のある夜だけ「簡単レシピコース」にするなど、柔軟にメニューを選べます。

その❶
買うだけコース

コンビニで買える食品を組み合わせるだけのお手軽コース。栄養素のグループ別になっていて、好みのものを選べます。

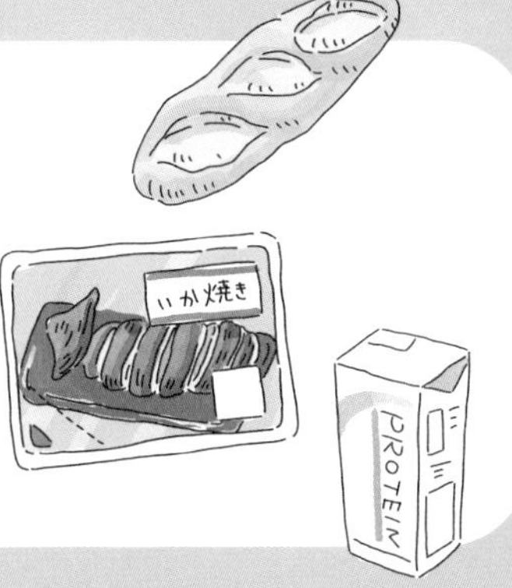

その❷
簡単レシピコース

やせ効果を引き出すpickup食材をメインに使ったレシピをご紹介。電子レンジなどを活用して短時間で作れます。

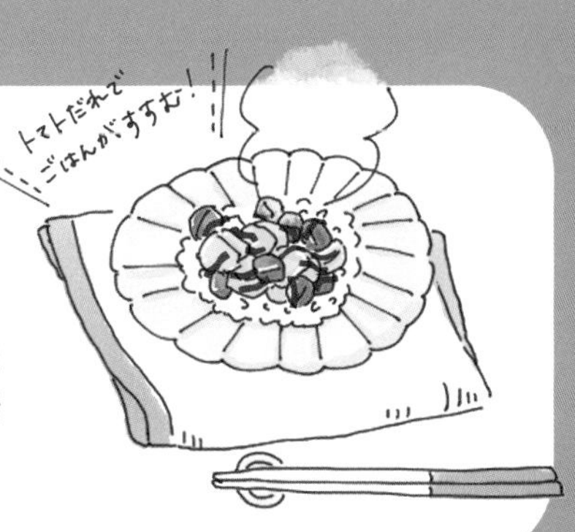

その❸
簡単レシピコース

その❷とは別のpickup食材を使ったレシピです。食べたいほうを選んでOK。おいしく飽きずに続けられます。

朝ごはんはあえての白米ごはん。脂質を抑えてたんぱく質を最優先

筋トレ前はオートミール、卵より「白米ごはん+鶏むね肉」がオススメ！

オートミール、もち麦ごはん……これらは糖質とともに食物繊維がとれ、ダイエットにオススメな糖質源ですが、週末だけダイエットの朝食ではあえて外しましょう。なぜかというと、この後に行う**筋トレのエネルギー源**になる糖質を最大限吸収・利用したいから。朝食では、あえて〝**白米ごはん**〟のような血糖値をしっかり上げるものを食べ、筋肉にエネルギーのもとを速やかに届けます。

また、優秀なたんぱく源である卵ですが、ここではあえて食べません。なぜ？と思われるかもしれませんが、卵は脂質が多いから。つまり、食物繊維や脂質が多いと、吸収が遅くなり、せっかくごはんを食べたのに、筋トレを頑張れないこともあるのです。

週末だけダイエットの朝ごはんは、筋トレのパフォーマンスを最優先して、**糖質とたんぱく質だけ**とるようにしましょう。

選べる 朝ごはん

その❶
買うだけコース

朝ごはんは糖質グループとたんぱく質グループから、それぞれ1点になるようにチョイス！

糖質

1
うどん

天かす・揚げ物NG

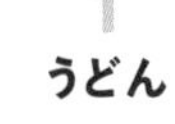

1
和菓子

大福・お団子・どら焼きなど

1
おにぎり1個

具はこんぶ、梅、鮭など

1
あんぱん

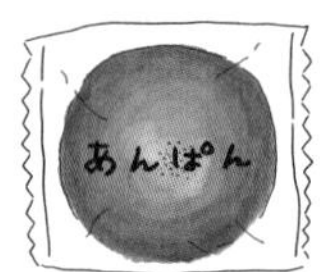

1
そば

かき揚げNG

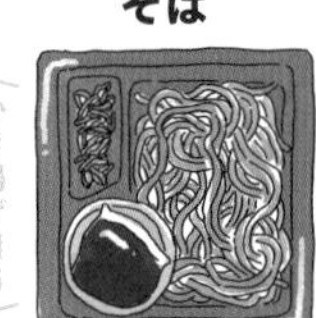

1
白米100〜150g

たんぱく質

0.5
プロテイン
（コンビニで売っているもの）

1
プロテイン（粉）

1杯

1
サラダチキン

1
たんぱく質が多めのサラダ

鶏むね肉

0.5
ささみスティック

1 おにぎり ＋ 0.5 ささみスティック ＋ 0.5 ヨーグルト

※たんぱく質0.5を選択する場合、10gを超える必要があるので商品の表示を確認。

1
干し芋75g

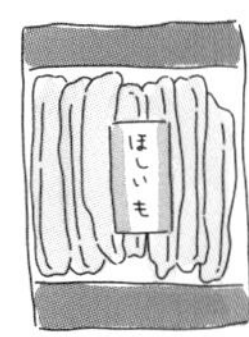

1
おもち2個

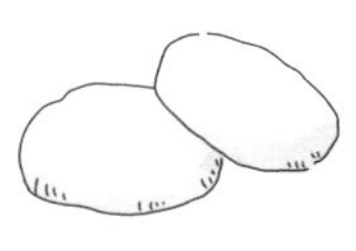

1
ベーグル1個

プレーンをチョイス

1
米粉蒸しパン

1
焼き芋150g

1
フランスパン80g

0.5
イカ焼き

マヨNG

0.5
かにかま1パック

0.5
ちくわ2本

0.5
シーチキン水煮1缶

0.5
焼き鳥1本
むね・もも・
つくね・ささみ
※小さめなら2本

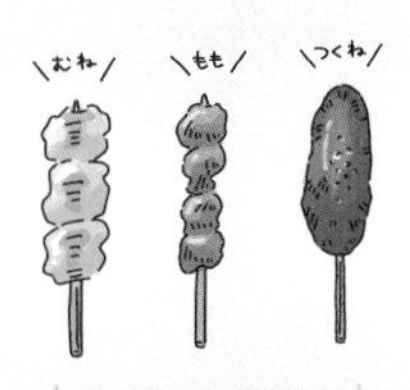

皮・ぼんじりはNG

0.5
脂質ゼロの濃縮ヨーグルト

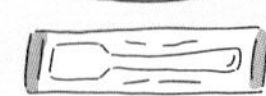

その❷ 簡単レシピコース

トマとり丼

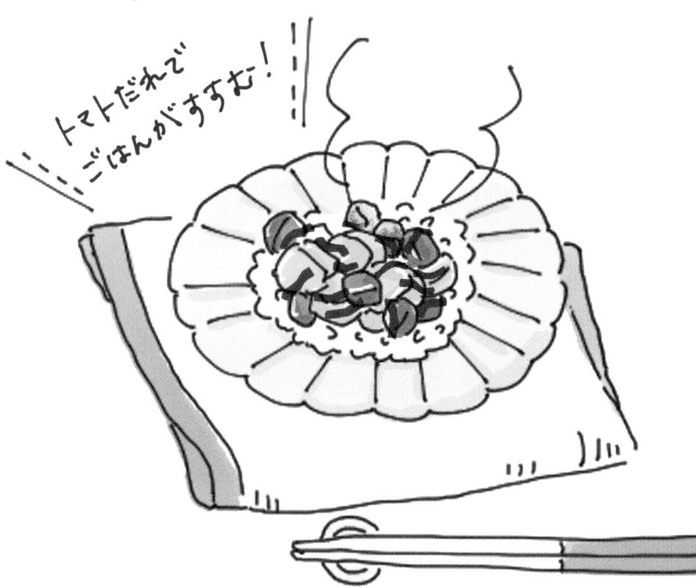

Pick up!

鶏むね肉

最もコスパの良いたんぱく源で、自炊ダイエッターの強い味方。皮はカロリーが高いので外すこと。

トマト

健康に良いリコピンが豊富。油と一緒のほうが吸収率は少しだけ上がるが、ここでは脂質を控えることが優先。

材料

鶏むね肉 …… 小さめ1/2枚(100g)

A
- 酒 …… 大1/2
- 塩 …… 小1/8(0.75g)
- きび砂糖 …… 小1/4

トマト …… 1/2個

B
- 塩こんぶ …… 大1/2(2.5g)
- しょうゆ …… 小1
- ごま油 …… 小1/2
- かつお節 …… 1g

ごはん …… 100〜150g

作り方

1

鶏むね肉の皮をとり、表裏にフォークで穴をあけ、Aをなじませ耐熱容器に入れる。

2

皮目を上にしてふんわりラップをかけ、電子レンジ600wで3分加熱する。裏返してさらに2分30秒加熱し、そのまま5分放置する。粗熱がとれたら食べやすい薄さに切る。

3

トマトを大きめの角切りにし、ボウルに入れ、Bと和える。器にごはん、2を並べトマトをかける。

その❸ 簡単レシピコース

マグロのマリネ丼

Pick up!

マグロ（赤身）

鶏むね肉とほぼ似た栄養バランス。かなり優秀な高たんぱく・低脂質な食材で海鮮系ではトップクラス。

材料

マグロ …… 100g
たまねぎ …… 1/8個（25g）
A
- しょうゆ …… 小2と1/2
- レモン汁 …… 小1と1/2
- オリーブオイル …… 小1/2
- ブラックペッパー …… 少々

大葉 …… 1枚
ごはん …… 100〜150g

作り方

1

たまねぎは薄切りにする。ボウルにたまねぎ、たっぷりの水を入れて手でもみ洗いして、水にさらす（5〜10分ほど）。

2

トレイにAを入れ、全体を混ぜ合わせる。マグロ、1を加えて5分ほど漬け込む。

3

器にごはん、2を並べ、大葉を手でちぎって上からのせる。

A

膝つき腕立て伏せ

女性が苦手な筋トレNo.1の腕立て伏せですが、二の腕やデコルテラインをキレイにするには最高の種目。初心者でも簡単にできるようアレンジ。

ここに効く! ●胸 ●二の腕

余裕が出てきたら負荷をアップ!

1で膝をつく位置を後ろにするほど負荷が上がる。

60秒
×2〜3セット

延長30秒までOK
セット間の休憩は1分

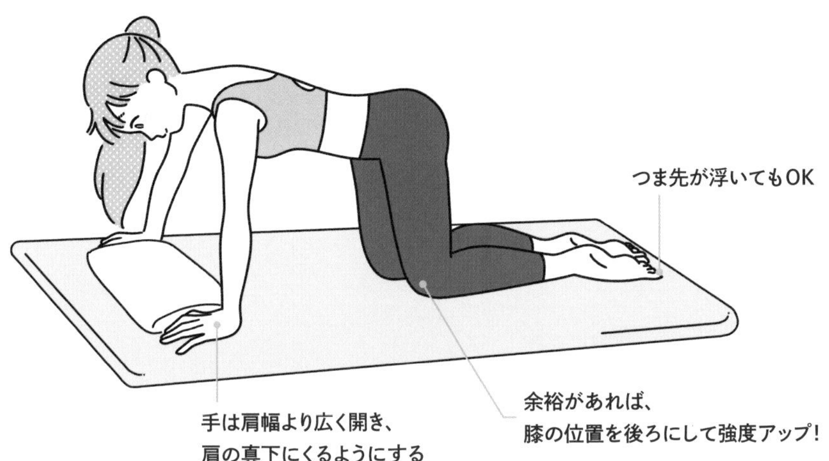
つま先が浮いてもOK
手は肩幅より広く開き、肩の真下にくるようにする
余裕があれば、膝の位置を後ろにして強度アップ!

1 手を肩幅より広く開いて床につく。脚を揃えて膝を軽く曲げ、床につける。

⚠ 筋トレ初心者の人は、胸を下ろしたときに顔を床にぶつけないよう、顔の下にやわらかい枕、クッションなどを置いて行ってください。

これは NG

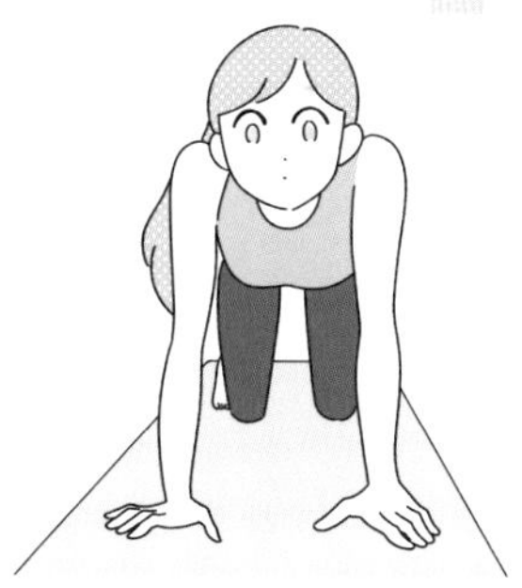

沈むスピードが早い

5秒カウントしてギリギリまで耐えることがポイントです。

2 5秒かけて床に胸をゆっくり近づける。

顔ではなく、胸を近づける意識を持って

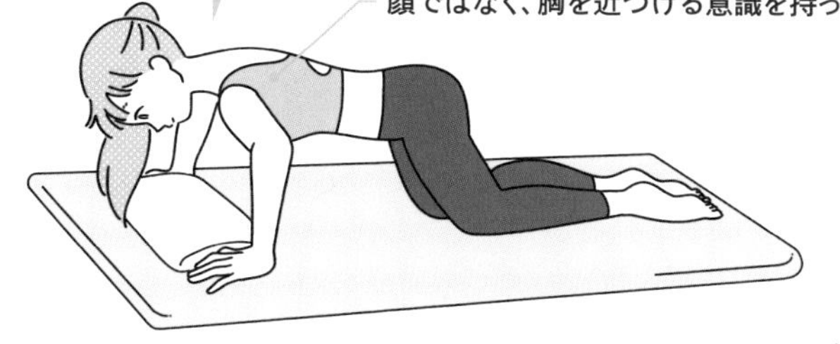

カラダを起こすときがツライ
通常の腕立て伏せと違い、
体勢を崩してもよいので、
ラクな姿勢で 1 へ戻る

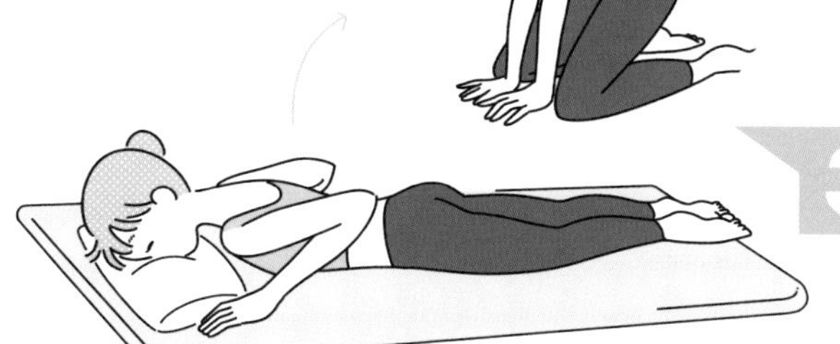

3 べたっと床についたら、すぐ 1 の体勢に戻る。1分繰り返す。

⚠ 本書で行うすべての筋トレのセット間・種目間のインターバル（休憩）は、1分が基本。ただし、疲労がたまって呼吸が整っていない場合は、最長で3分まで休んでOK。短いくらいなら長めの方が良い、という認識で。

B コマネチ＆両手いらっしゃ〜い

ふざけたような種目名ですが（笑）、効果は絶対に保証します！
猫背など姿勢にお悩みの方は、たった1回で後ろ姿が変わることも。

ここに効く！ ●背中全体

余裕が出てきたら負荷をアップ！
ペットボトル（500ml）2本やダンベルを用意し、両手に持って行う。

60秒 ×2〜3セット
延長30秒までOK
セット間の休憩は1分

手の指先をつける位置は体のセンター。

つま先は立てても立てなくてもOK

1 膝を開いて床につけ、かかとを合わせてお尻を下ろす。
上体をまっすぐにして前に倒した体勢をキープ。
両腕を斜め下に伸ばし、
手のひらを内側に向けて指先を合わせ、床につける。

これはNG

上体が立って肩が上がる

上体は斜めに傾けて、角度を変えないようにキープ。カラダが立つと首が太くなってしまうので注意して！

2 しっかり胸を張りながら、ひじを斜め後ろにぐっと引く。

3 胸を張り、ひじの位置をキープしたまま、ひじから先をゆっくり外側に開き、ゆっくり戻す。腕を斜め下に伸ばし、1の状態に戻る。その際、必ず指先を同じ位置でタッチする。

C

バイシクルチャレンジ

ひとりだとなかなか頑張りきれない腹筋ですが、この種目であれば誰がやってもしっかり追い込むことができるので最速でくびれをゲット！ 下っ腹対策にも効果的！

ここに効く！ ●お腹全体

延長30秒までOK
セット間の休憩は1分

余裕が出てきたら負荷をアップ！
頭の後ろでペットボトル1本（500ml）やダンベルを持ってやってみよう。

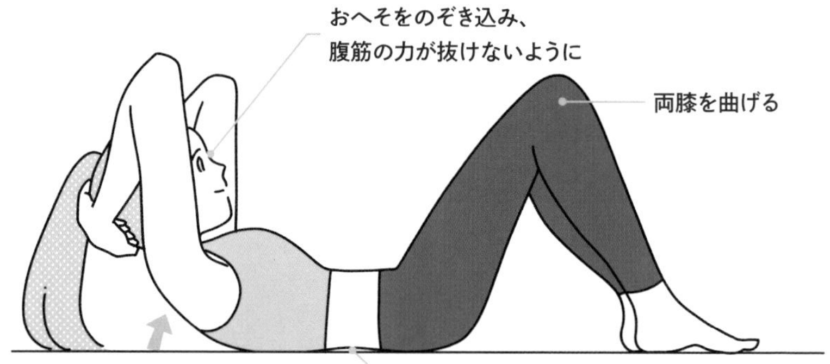

おへそをのぞき込み、
腹筋の力が抜けないように
両膝を曲げる
床と腰の間にすき間ができないように

1 **仰向けになり、両手を頭の後ろで組む。頭、肩、肩甲骨が床から浮くように上体を少し起こす。**

腹筋がまだ弱く、上体を浮かせられない場合は、頭が少し浮くだけでもOK。

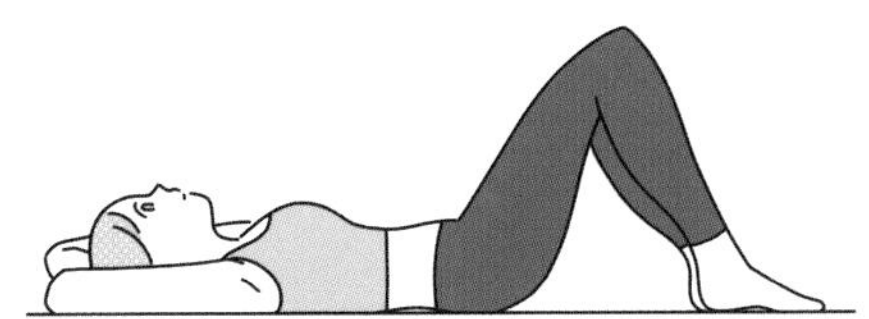

これは NG

頭と肩が床についてしまう

胸とおへその位置を近づける意識を持ったままおへそをのぞき込むと、上体を起こし続けやすくなります。

腕と脚は大げさなくらい
大きく動かそう!
最後まで
頭、肩、肩甲骨を
床につけない

2 上体を左右に振りながら、
下半身は自転車を漕ぐように動かす。
左ひじと右膝、右ひじと左膝の順番で、
ひじと膝を近づける気持ちで、
速くリズミカルに1分動き続ける。

その日の気分で選んで動く！

その1

早歩きウォーキング

消費カロリーは歩いた距離に比例するので、フォームなど細かいことは気にせず、普段通りの歩き方でシャカシャカと早歩きして距離を稼ごう。腕を大きく振りながら歩くと消費カロリーがUPします！

筋トレを終えたらすぐに有酸素運動タイム

筋トレの直後は、脳内で神経伝達物質のドーパミンなどが分泌され、興奮状態になっています。その元気な状態のまま、有酸素運動をスタートして、にっくき体脂肪をどんどん燃やしましょう！　ただし、筋トレ直後に有酸素運動を始めて、休憩なしで運動を続けてしまうと、ストレスホルモンが出やすくなるので、あえて5～10分程度の休憩を挟んでから行うようにしましょう。

有酸素運動はやせないから、やらないほうがいい、という考え方もありますが、

その2

踏み台昇降

踏み台昇降は、雨の日でも自宅で気軽にできる有酸素運動。その場での足踏みや縄とびなどの有酸素運動もありますが、踏み台昇降はお尻や裏ももの筋肉が優先的に使われるので、ただやせるだけでなく、脚を細くしたい女性には特にオススメです。台の高さは10〜15㎝ほどが目安。

その3

ウインドウショッピングでもOK

有酸素運動は、午前・午後に分けて2回ありますが、片方はウィンドウショッピングにあててもOK。ただし、その1、その2に比べて消費カロリーが少なくなるので、意識的にシャカシャカ動き回りましょう。あえてちょっと遠いスーパーまで歩き、この週末だけダイエットで食べる食材を買い出しに行ってもいいですね。

消費カロリーを出す、最も有効な手段です。アスリートや週5回筋トレをしている人なら話は別ですが、一般的な女性は、有酸素運動をとり入れたほうが、確実に効率よくやせられます。その日の天候や気分によって〝1〜3〟から選んで動きましょう。

「なんで朝からこんなに詰め込むの?」

プニ子　ふぅ〜。午前中の上半身の筋トレで、二の腕とお腹のあたりがプルプルしました〜。それに、自宅にこもっていて運動不足だったから、こんなに歩いたのは久しぶりです。

石本先生　朝からよく頑張りましたね！意外とバテずに最後までやりきれたのではないですか？

プニ子　あっ、そうかも⁉

石本先生　それは、今日の朝食でとった糖質のガソリン（筋グリコーゲン）のおかげ。この『週末だけダイエット』では、午前中、元気に動けるうちにボディメイクで重要な筋トレを終わらせてしまうスケジュールにしています。

プニ子　ツラいことを先に終わらせてしまうと気がラクです！　でも……朝食の2時間後に筋トレをする、すぐ有酸素運動をスタートするとか、正直、スケジュール細かっ！　て思いました。

石本先生　すべての行動に、ボディメイクの効率を上げる狙いがあるんです。筋トレを始める2時間前に朝食でしっかり糖質をとると、びっくりするくらい筋トレを頑張れるようになるのです。それと、筋トレの後は興奮作用のあるホルモンが出ているので、よりやせやすいタイミングで有酸素運動を行うことができます。

読者代表・プニ子が
「週末だけダイエット」を
やってみた!!

プニ子　全部意味があって、カラダのしくみをうまく利用しているんですね～。

石本先生　ダイエットをするとき、選択肢が多すぎると迷ってしまうことはないですか？

プニ子　そうです……。いろんな方法に手を出していて、万年ダイエッターになっています（涙）。

石本先生　『週末だけダイエット』は、いつ何をするのかスケジュールが決まっているので、やることが明確。頑張るのは2日間だけで、平日はいつも通りの食事を楽しんで。平日に体重が維持できれば、白米もパンもお菓子もＯＫです。

プニ子　ええ～っ！　それは嬉しいです。

石本先生　ダイエットは総合得点で勝利を収めればいいんです。週末に１００点満点をとれば、平日が平凡な点数でも、高得点になるはずです。その結果、週末だけの頑張りでやせることが可能になります。余談ですが、週末だけダイエットは効果がすごすぎて、２００点とれちゃうんですけどね（笑）。

プニ子　『週末だけダイエット』のおかげで食べることの罪悪感から解放されそう！

石本先生　まずは2日後のダイエットの成果を楽しみにしてくださいね。

プニ子　はいっ！　頑張ってみます！

昼ごはんは、さらに食物繊維、ビタミン・ミネラル、発酵食品もプラス！

筋トレ後の昼食から健康・美容に良い栄養素を補給

有酸素運動が終わったら、あえて1～2時間空けてから昼食をとりましょう。実は1日を通してしっかりたんぱく質がとれていれば、運動直後のたんぱく質摂取は必須ではありません。『週末だけダイエット』では、朝食を最大限利用し終わってから昼食をとりたいので、あえてすぐ食べないことで食間が4～5時間になるようにします。

朝食は午前中の筋トレのパフォーマンスアップのために、あえて糖質のかたまりともいえる白米ごはんをオススメしました。昼食からは目的に、健康・美容も追加！ **オートミール、もち麦や五穀米ごはん**など、食物繊維が豊富な主食をとりましょう。

さらに、ビタミン・ミネラル補給目的のフルーツや、腸内環境を整える発酵食品なども追加し、筋肉づくりだけではなく、女性に嬉しい効果も求めていきます。

その❶

買うだけコース

昼ごはんは、糖質グループとたんぱく質グループから
1点ずつになるようにチョイスし、
さらに栄養バランスの点からビタミン・ミネラルがとれる食品と、
発酵食品or食物繊維がとれる食品もプラスします。

糖質

1

レトルトパック100g
もち麦・大麦・玄米・五穀米など

1

おにぎり1個
玄米・もち麦・大麦・五穀米など

白米だけはNG

たんぱく質

0.5

プロテイン
（コンビニで売っているもの）

何味でもOK

1

プロテイン（粉）

1杯

1

サラダチキン

1

たんぱく質が多めのサラダ

鶏むね肉

0.5

ささみスティック

昼ごはん

選べる

糖質
合計
1

＋

たんぱく質
合計
1

＋

ビタミンミネラル
フルーツ
（下からひとつ）
- いちご中粒（10〜15粒）
- キウイ（1個）
- パイナップル（100g）

＋

昼と夜でどちらかをひとつ

発酵食品or食物繊維

発酵食品
（下からひとつ）
- 納豆
- キムチ
- ヨーグルト

食物繊維
- 海藻サラダ
- きのこサラダ

※たんぱく質0.5を選択する場合、10gを超える必要があるので商品の表示を確認。

例

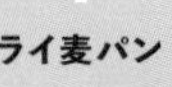

1
ライ麦パン
＋
1
サラダチキン
＋
いちご
＋
納豆

1
焼き芋
100〜120g

1
干し芋
60〜70g

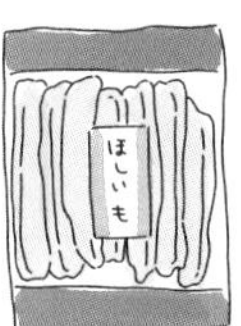

1
ライ麦パン、全粒粉パンなど
食物繊維が多く脂質が少ないパン
70g

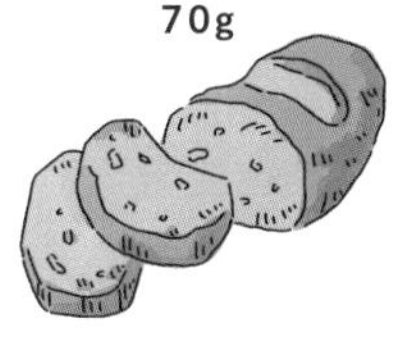

0.5

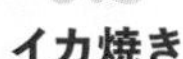

イカ焼き

マヨNG

0.5
かにかま1パック

0.5
ちくわ2本

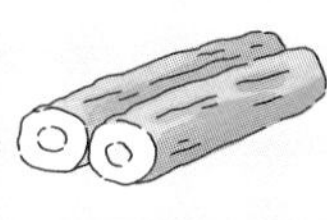

0.5
シーチキン水煮1缶

0.5
焼き鳥1本
むね・もも・
つくね・ささみ
※小さめなら2本

皮・ぼんじりはNG

0.5
脂質ゼロの濃縮ヨーグルト

その❷ 簡単レシピコース

ブロスプちくきゅう納豆丼

このほか、キウイ1個orいちご中粒（10〜15粒）orパイナップル100gでビタミン・ミネラルを補います。

Pick up!

納豆

発酵食品である上に、たんぱく質、食物繊維、イソフラボンまでとれる。嫌いじゃないなら必ず食べたい。

ちくわ

高たんぱく・低脂質で意外と優秀。微妙にたんぱく質が足りないときに大活躍してくれる。

材料

納豆 …… 1パック（45g）
ちくわ …… 2本
ブロッコリースプラウト …… 20g
きゅうり …… 1/4本（25g）

A
- みそ …… 小1
- めんつゆ …… 小1/2
- 白いりごま …… 小1

オートミール …… 40g
水 …… 80㎖

作り方

1

ちくわは縦4等分に切り、垂直に回転させて1㎝角に切る。きゅうりも1㎝角に切り、ブロッコリースプラウトは細かく刻む。

2

ボウルに1、納豆、Aを入れ混ぜ合わせる。

3

耐熱容器にオートミール、水を入れ、電子レンジ600wで1分加熱する。取り出したら2をのせる。

その③ 簡単レシピコース

スタミナツナキムチ丼

キムチでスタミナ!

甘酢でサッパリ!

ブロスプと切り干し大根の甘酢和え

このほか、キウイ1個orいちご中粒(10〜15粒)orパイナップル100gでビタミン・ミネラルを補います。

Pick up!

オートミール
言わずと知れたダイエット最強食材。納豆、サバとランキング1位争いをするスゴイヤツ。

ツナ水煮
使い勝手の良い優秀なたんぱく源。油入りは魚の脂ではなく大豆油で、脂質の質が低いので水煮一択。

キムチ
優秀な発酵食品だが塩分が多いので朝や昼推奨。ただの浅漬けの商品もあるので裏面表示をしっかり確認。

スタミナツナキムチ丼

材料

ツナ(水煮・食塩不使用・缶詰)…… 1缶
キムチ …… 30g
A | 白いりごま … 小1　ごま油 … 小1
もやし …… 80g
たまねぎ(薄切り) …… 1/8個(25g)
しいたけ(薄切り) …… 1枚
B | みりん … 小1
B | 鶏がらスープの素 … 小1/4
B | にんにく(チューブ) … 3㎝
大葉(千切り) …… 2枚
オートミール …… 40g
水 …… 80㎖

ブロスプと切り干し大根の甘酢和え

材料

ブロッコリースプラウト …… 20g
切り干し大根 …… 5g　ハム …… 1枚
A | しょうゆ …… 小1/2　酢 …… 小1/2
A | きび砂糖 …… 小1/4
A | ブラックペッパー …… 少々

作り方

1 切り干し大根は流水でもみ洗いし、水に浸して戻し、食べやすい大きさに切る。ハムは細切りにする。
2 ボウルに水気をよく絞った切り干し大根、ハム、ブロッコリースプラウト、Aを入れて和える。

作り方

1

たまねぎ、しいたけ、大葉を切る。大葉以外をもやしと一緒に耐熱容器に入れ、Bを回しかけ、ふんわりラップをかけて電子レンジ600wで2分30秒加熱する。取り出して大葉を加えて和える。

2

ボウルに水気を切ったツナ、キムチ、Aを入れて混ぜ合わせる。

3

耐熱容器にオートミール、水を入れ、電子レンジ600wで1分加熱する。取り出したら、1と2をのせる。

「午後に空腹感が……野菜なら食べていい?」

プニ子　私、時間が空くと何か食べたくなっちゃうんです。夕食まで間食なしだと甘いものとか飲みたくなったり……。野菜ジュースとかゼロカロリー食品ならいいですか？

石本先生　昼食から夕食まで、たんぱく質の摂取間隔が空くと筋肉量が減りやすくなるので、間食でたんぱく質をとりましょう。野菜からたんぱく質をたくさんとるのは難しいから、野菜ジュースより無調整豆乳がいいですよ（詳しくはP53へ）。

プニ子　なるほど！　無調整豆乳ならいいんですね。夕食後、どうしても空腹がツラいときは、ゼロカロリードリンクやゼリーを食べたりしてもいいですか？

石本先生　無糖の炭酸水や味がついているドリンクもゼロカロリーなら飲んでもOKです。ただ、ゼリーなど固形のものは空腹時に単品で食べると余計に食欲が出てしまうことがあるので、プラスするなら食後のデザートにしてくださいね。

プニ子　空腹感が心配だったので、安心しました〜。

石本先生　まったく食べない状態での空腹はNGですが、考えられた食事をとった上での空腹は、体脂肪を減らす大チャンスなんですよ。だから、空腹を感じたらニヤニヤしてしまってください。

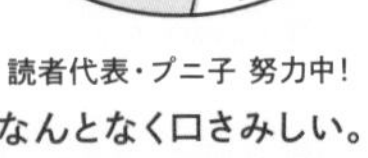

読者代表・プニ子 努力中！
なんとなく口さみしい。

プニ子　ニヤニヤ！（笑）

石本先生　この2日間は体脂肪との真剣勝負！　空腹に耐えることは体脂肪を消滅させる大チャンスです。ただし、この週末の2日間だけにしてください。平日はいつも通りの食事量に戻すことが大前提です。

プニ子　ずっと食事制限をしてはいけないんですね。以前、断食をしてすぐ体重が減ったのですが、リバウンドしてかえって太りやすいカラダになった気がするんです。

石本先生　筋トレをしないで断食だけしていると、筋肉への刺激が足りない上に、たんぱく質などの栄養素も不足し、筋肉量が落ちてしまいます。でも、『週末だけダイエット』は筋トレをし、食事や間食でもたんぱく質を摂取するので、筋肉が落ちずに体脂肪がしっかり落ちてくれるんです。

プニ子　そういえば、2日間の食事や間食のメニューすべてにたんぱく質が入っていますね。

石本先生　そうです。カロリーを抑えながら良質なたんぱく質がとれ、さらに食事のタイミングごとに糖質や脂質の量と質も考慮し、ほかにもダイエットに必要な要素をすべて詰め込んで、練りに練り上げたメニューになっています。

プニ子　そのままマネするだけでいいから、迷いがなく取り組めそうです！

夕食までの間食に飲むべき3種のドリンク

食事だけでも十分健康的にやせることはできますが、世の中にはもっと効率よくするための優秀なアイテムがあるので、それを利用しない手はありません。

そこで、夕食までに、その1 筋肉量キープのための**無調整豆乳**、その2 やる気を上げる**カフェインの入ったドリンク**、その3 栄養補給の**栄養ドリンク**の3種類を上手に使いましょう。

それぞれの摂取のタイミングは左記の表を参考にしてください。次のページから、石本オススメドリンクの選び方をご紹介します。

\ 3つのドリンクのタイミング /

その1 **無調整豆乳** ↓ **昼食〜夕食のちょうど真ん中**

その2 **カフェインドリンク** ↓ **2回目の有酸素運動の直前**

その3 **栄養ドリンク** ↓ **2回目の有酸素運動後**

その1

筋肉量キープのため間食で無調整豆乳をとる！

石本オススメの豆乳選択基準3カ条

1. 無調整である
2. たんぱく質がなるべく多いもの
3. 豆乳が苦手なら濃縮ヨーグルトに
➡調整豆乳は飲みやすいもののたんぱく質が大幅に減るので濃縮ヨーグルトに置き換えて。

無調整豆乳

大豆と水だけが原料だから、間食のたんぱく源にぴったり。紙パック1個（200㎖）を選ぼう。

濃縮ヨーグルト

豆乳が苦手な場合は脂質ゼロ、たんぱく質が10gほどとれる濃縮タイプのヨーグルトでもOK。

昼食から夕食まで、たんぱく質の摂取間隔が6時間以上空いてしまうと、血中のアミノ酸濃度が低下し、筋肉の分解が進んで筋肉量が減りやすくなります。それを防ぐために、間食でたんぱく質を10gほど補給します。たったこれだけのことで、『週末だけダイエット』の効率が飛躍的にアップするので、絶対に忘れないようにしましょう。

無調整豆乳であれば、女性に嬉しいイソフラボン、むくみに効果的なカリウムも摂取できます。

午前中の運動の疲れが出てきて、「後半まで気力がもつかな……」と心配になる人。そんなときはカフェインの力を借りましょう！

カフェインは脳の覚醒作用を持つ成分。集中力を高めて、運動のパフォーマンスを向上させます。

有酸素運動の前に飲むのは、ブラックコーヒー1杯程度、またはゼロカロリーのエナジードリンク1本。ただし、カフェインをとることは〝元気の前借り〟といわれ、時間が経ってカフェインの血中濃度が下がれば疲労感が出てきます。

カフェインをとったら、すぐに有酸素

その2 有酸素運動直前にカフェインをチャージ！

ゼロカロリーのモンスター

- **白**（モンスター ウルトラ）
- **黄緑**（モンスター ウルトラパラダイス）
- **青**（モンスター アブソリュートリーゼロ）

定番のモンスターは1本あたりカフェインが142mg含まれており、高性能。この3つの色であればゼロカロリー。間違えてほかの色を飲んでしまわないように！

レッドブルシュガーフリー

どうしてもモンスターが苦手な人はこちら。ただカフェイン量が80mgと少なく、一般的な女性の場合は、できれば100mg以上を摂取してほしいので少し厳しいかも。

運動をスタート！　運動の中盤～後半、バテやすくなったときに覚醒効果が出てきて動き続けられます。

また、カフェインは体脂肪を燃えやすくする効果が1時間ほど続くので、飲んだからにはきっちり1時間やりきりましょう。

石本オススメのカフェインドリンク選択基準3カ条

1. **カロリーがゼロである**
2. **カフェイン量が100～150mg**
   ➡どうしても難しい場合は80mg以上を目指す
3. **5分以内に飲み切れるもの**
   ➡基本的にカフェインの血中濃度を上げるためには5分以内には全部飲みきって

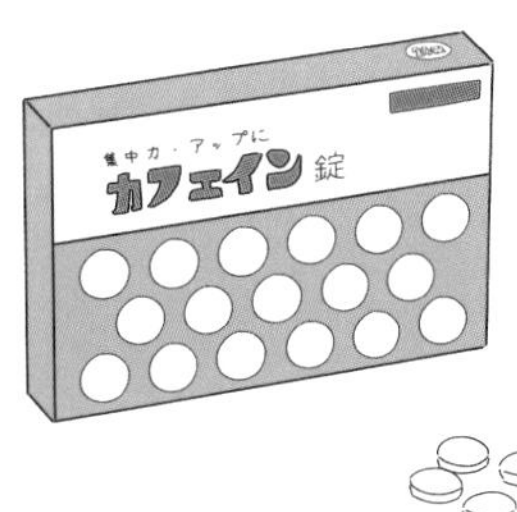

カフェインの入った錠剤

ドリンクが苦手な人向け。1錠飲むだけで100mgのカフェインが摂取できるものもあります。

ブラックコーヒー

一般的なコーヒーだと大体200mlほど飲めばカフェインが100mgを超えるのでそちらを基準にしっかり飲みきろう！ スターバックスなどのコーヒーショップ、コンビニのセルフサービスのコーヒーであれば、大半のものは小さいサイズでも基準を超える可能性が高いです。

その3

有酸素の後は栄養ドリンクを飲もう!!

\ 11kcal /

リポビタンファイン プレシャス

タウリン1500mg、ビタミンB群、ロイヤルゼリーなどの成分が配合されたドリンク。

販売名:リポビタンファインp

指定医薬部外品

【効能・効果】滋養強壮

\ 7kcal /

チオビタドリンク アイビタスゼロ

カフェインゼロでカロリーが7㎉しかないため、カロリーを抑えることができる。

商品名:チオビタドリンクアイビタスゼロ

第3類医薬品

【効能・効果】肉体疲労時の栄養補給

食事や睡眠がしっかりしていれば疲労回復できると思われがちですが、実は栄養ドリンクには疲れているときにオススメの成分が多く入っています。

普通の生活を送っていればあまり恩恵を感じませんが、『週末だけダイエット』のように短期間のみとにかくダイエットを頑張る場合はできるだけ早く栄養を補給することに価値があります。

『週末だけダイエット』と相性が良いのは、ビタミンB群やタウリンを多く含んだタイプ。その点に注視して選ぶのがポイントです。

石本的オススメの栄養ドリンクを紹

\ 15kcal /

トップバリュ
4種の必須アミノ酸配合
タウリン入りドリンク3000
カロリーオフ

圧巻のタウリン3000㎎配合で、コスパ部門ではぶっちぎり1位です。どうしてこんなに安いのか、僕にはわかりません（笑）。

指定医薬部外品

【効能・効果】滋養強壮・肉体疲労時の栄養補給

\ 7.3kcal /

チョコラBBローヤル2

値段のわりにいろんな栄養素が盛りだくさん。

指定医薬部外品

【効能・効果】疲労の回復・予防

介するので、ぜひ参考にしてみてください。

石本オススメの栄養ドリンク選択基準5カ条

1. **タウリンが1000mg以上含まれている**
2. **カフェインの含有量が50mg以下**
3. **カロリーが30kcal以下**
4. **入手難易度が低い**
5. **手ごろな価格帯**

1日目の晩ごはんは糖質ゼロだとむしろNG!

夜でもあえて糖質をとって、翌日の筋トレの効率アップを最優先に

筋トレと有酸素運動をやりきり、夕食の量が少ないと空腹で眠れないかもと心配になるかもしれませんが、1日目の夕食は、糖質をしっかりとっていいので安心してください。最近のダイエットは、夜ごはんの糖質を減らすのが定番になっていますが、『週末だけダイエット』1日目では、翌日の筋トレ効率UPを最優先するので、あえて糖質をとります。また、夕食で糖質をとることで睡眠の質を上げる効果も期待できますよ。主食は、**もち麦ごはんのほか、麺類（そば、パスタなど）**でもOKです。

さらに、夕食でも**たんぱく質を20g以上**とりましょう。糖質とたんぱく質を合わせてとることで、筋肉の合成が促進します。脂質も大事な栄養素のひとつですが、糖質もたんぱく質も脂質もとってしまうと、カロリーオーバーになってやせないので、ここではあえて脂質はカットし、2日目で補います。

その❶
買うだけコース

晩ごはんでは、糖質グループとたんぱく質グループ1点ずつのほかに、
ビタミン・ミネラルがとれる野菜ジュースをプラスしてください。
発酵食品or食物繊維がとれる食品も足します。
昼ごはんに発酵食品をとったら、
晩ごはんは食物繊維がとれるものを選びましょう。

糖質

1
レトルトパック100g
もち麦・大麦・玄米・五穀米など

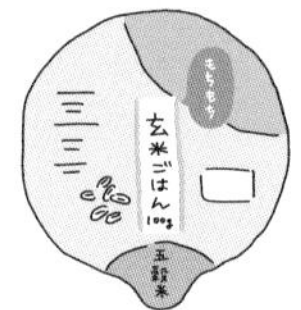

1
おにぎり1個
玄米・もち麦・大麦・五穀米など

たんぱく質

0.5
プロテイン
（コンビニで売っているもの）

1
プロテイン（粉）

1
サラダチキン

1
たんぱく質が多めのサラダ

0.5
ささみスティック

晩ごはん

\ 選べる /

糖質 合計 1

＋

たんぱく質 合計 1

＋

ビタミン・ミネラル・むくみ対策 野菜ジュース

＋

昼と夜でどちらかをひとつ

発酵食品 or 食物繊維

発酵食品（下からひとつ）
- 納豆
- キムチ
- ヨーグルト

食物繊維
- 海藻サラダ
- きのこサラダ

例

1 レトルトパック ＋ 0.5 イカ焼き ＋ 0.5 かにかま ＋ 野菜ジュース ＋ 海藻サラダ

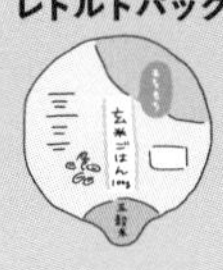

1
焼き芋 100〜120g

1
干し芋 60〜70g

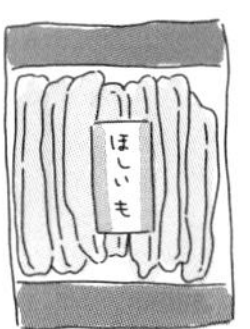

1
ライ麦パン、全粒粉パンなど食物繊維が多く脂質が少ないパン 70g

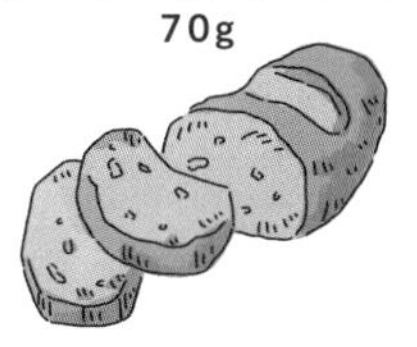

0.5
イカ焼き

\ マヨNG /

0.5
かにかま 1パック

0.5
ちくわ 2本

0.5
シーチキン水煮 1缶

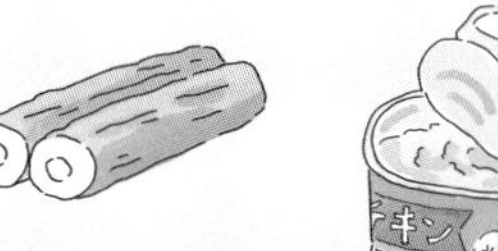

0.5
焼き鳥 1本
むね・もも・つくね・ささみ
※小さめなら2本

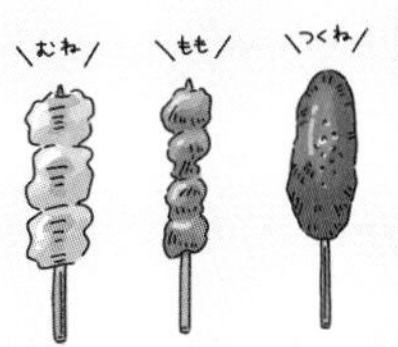

\ 皮・ぼんじりはNG /

0.5
脂質ゼロの濃縮ヨーグルト

その❷ 簡単レシピコース

シーフードきのこパスタ

材料

スパゲッティ …… 乾麺45g
シーフードミックス（解凍する）…… 120g
しめじ …… 30g
にんにく（みじん切り）…… 1/2片
トマトジュース …… 1本（200㎖）
しょうゆ …… 小1
ブラックペッパー …… 少々

Pick up!

パスタ（麺）

パスタは太るイメージがあるが、実は麺自体は白米より高たんぱく。大半はソースのカロリーが問題。

シーフードミックス

エビ、イカ、アサリ、ホタテなどは、すべて高たんぱく・低脂質。ただたんぱく質の価値が肉や魚に比べ若干低いので少し多めにとるのを意識。

トマトジュース

むくみ対策にテキメンに効くカリウムが多く入っているので、毎日飲む習慣をつけてもいいくらい。

作り方

1

にんにくを切り、しめじは小房に分ける。フライパンに入れ、しめじに焼き目がつくまでじっくり炒める（フライパンが焦げやすい場合は薄くオリーブオイルを塗る）。

2

シーフードミックス、トマトジュース、しょうゆを加え、フツフツとするまで煮詰める。

3

鍋に湯を沸かし、スパゲッティを表示時間より短めにゆで、ざるに上げる。2にスパゲッティを加えて和え、ブラックペッパーを振りかける。

その❸ 簡単レシピコース

鶏とブロッコリーの野菜ジュースパスタ

材料

スパゲッティ …… 乾麺45g
鶏ささみ …… 1本(50g)
酒 …… 小1
ブロッコリー …… 40g
にんにく(みじん切り) …… 1/2片
野菜ジュース(トマトベース) …… 1本(200mℓ)
A 鶏がらスープの素 …… 小1
A みそ …… 小1/2

Pick up!

野菜ジュース

味が苦手でなければ、フルーツベースではなく、野菜汁100%のものを選びましょう。カロリーオフや糖質オフは性能が下がるので非推奨。

鶏ささみ

鶏むね肉と同程度の性能。少しコスパは悪くなるが鶏むねばかりだと飽きがくるのでたまには取り入れて。

作り方

1

ささみは筋をとって耐熱容器に入れ酒を回しかける。ふんわりラップをかけ電子レンジ600wで1分加熱する。粗熱がとれたらほぐしておく。にんにくを切り、ブロッコリーは小房に分ける。

残り3分で
ブロッコリーもゆでる！

短めにゆでよう

2

鍋に湯を沸かし、スパゲッティを表示時間より短めにゆでる。スパゲッティの残りのゆで時間が3分のところでブロッコリーも加え一緒にゆで、ざるに上げる。

3

フライパンに野菜ジュース、にんにく、ささみ、細かくほぐしたブロッコリーを入れ、中火で煮立たせる。フツフツとしてきたら弱火で2〜3分煮る。**A**を加えて味をととのえ、スパゲッティを加えて和える。

寝る前は
リラックス効果が
最大に高まる
静的ストレッチを

ストレッチは動的と静的を使い分ければ効率アップ!

朝は筋トレが控えているので動的ストレッチを行いましたが、寝る前は静的ストレッチを行いましょう。ストレッチはどれも同じように思われますが、実は動きを伴う動的ストレッチは交感神経が優位になっていわば興奮状態になりやすく、まさにこれから起きて運動をする際には最適ですが、寝る前だと相性が悪いです。

そこでリラックス効果が高く、睡眠の質も上げてくれる静的ストレッチの登場です。静的、と書かれている通りとにかく筋肉を伸ばした状態で絶対に動かさない気持ちで30秒伸ばしましょう。そうすることで筋肉の疲労回復が早まったり、可動域が広がったり、さらに副交感神経が優位になって良質な眠りにつくことができます。

2日目の朝は下半身の筋トレが控えているのでしっかり回復させましょう。

＊2日目も同様の静的ストレッチを行います。

A

猫背で背中伸ばし

1日筋トレと姿勢保持で頑張ってくれた背中をしっかり伸ばしてあげます。
これをやるやらないで、疲労の回復具合が格段に変わります。

ここに効く！ ●背中全体

30秒

つま先は上向きで、
つかみやすいところを
つかんでOK

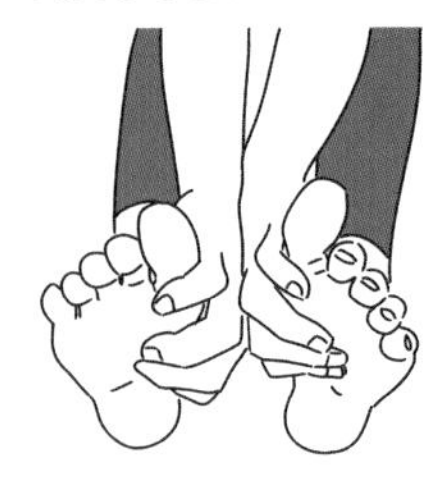

1 膝を曲げて座り、
左右の手の甲を合わせるようにしながら、
足裏を内側からつかむ。

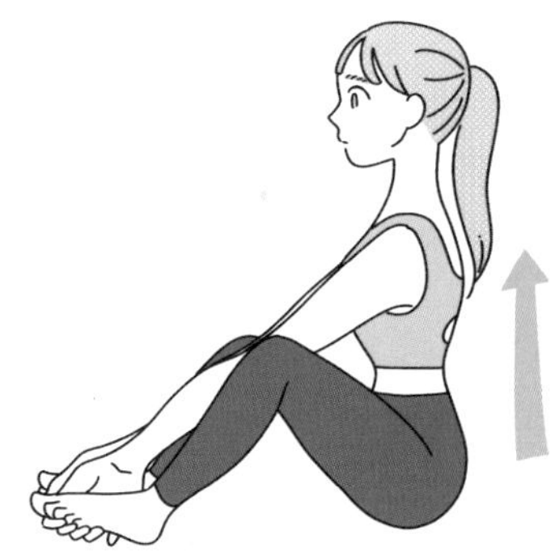

これは NG

背中を丸めていない

猫背になって頭をしっかり下げ、視線を下に向けることで背中がしっかり伸びます。

猫背になって
頭をしっかり下げ、
目線は下へ
かかとは床から
離れないように

2

**頭をしっかり下げて猫背になり、上体を前に倒す。
足と手で引っぱり合い、ぐーっと背中を伸ばす。
伸ばしきったところで30秒キープ。**

⚠ 背中が伸びた感じが少ない人は、手足の引っぱり合いを強めたり、足裏を持つ位置や膝を曲げる角度を調整してみよう。

B

ひじ寄せキープ胸伸ばし

日常生活では胸の筋肉が縮みやすいので、
1日の終わりに胸のストレッチをするのがオススメ。
深い呼吸をしやすくなってリラックス。

ここに効く！ 胸 肩

30秒

1 立ち膝になり、
両手の手のひらをお尻に当てる。
肩の力を抜いてリラックス。

立ち膝がキツい人は……

立ち膝がキツい人は正座の姿勢がオススメ。お尻をプリッと出して行いましょう。

これはNG

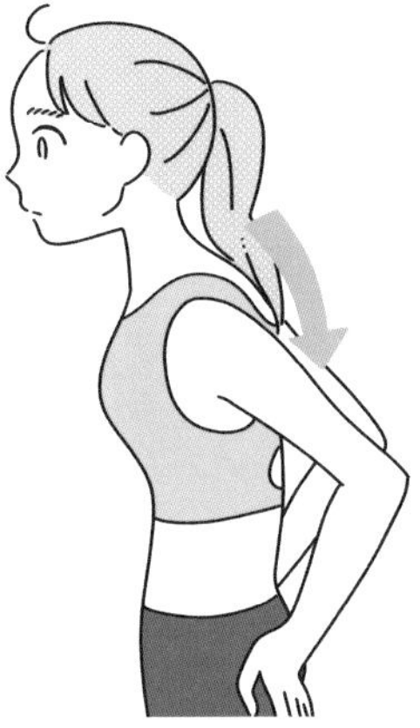

猫背の姿勢では胸側が伸びない

猫背の姿勢では胸側がまったく伸びません。
目線が下がっていないかも注意して。

胸を張って
左右のひじを寄せ続ける

2

胸を張り、左右のひじをくっつけるイメージで内側にぐーっと寄せて、30秒キープする。

C

膝曲げお尻伸ばし

たくさん歩いたり、筋トレをしたりして疲労がたまったお尻の筋肉を、
1日の終わりにストレッチして労わります。お尻の柔軟性を上げておくと、
腰痛予防や脚やせの効果もあるので、しっかり伸ばしておこう。

ここに効く！ ●お尻全体

左右 各30秒

1 寝転んだ状態で
右足を左ももにかけて、
左もも裏を両手でつかむ。

これは**NG**

上体が上がっている

上体は床につけたままで。カラダを起こさず、あくまで足を引きつけることを優先して。

カラダが硬い人は
タオルを使って
引きつけてもOK

右のお尻が
伸びていればOK！

2 腕の力を使って、左足を胸にぐっと引きつけ、30秒キープ。反対側も同様に行う。

「エプソムソルト」入浴でマグネシウムを皮膚から吸収

夜の静的ストレッチに加え入浴をすることで、副交感神経が高まり、寝つきが良くなります。入浴でさらにダイエット&健康メリットを高めるなら、「エプソムソルト」をお風呂に入れてみてください。

〝ソルト〟という名がついていますが、ナトリウム(塩)ではなく、ミネラルのマグネシウムが含まれています。

マグネシウムは、体内のミネラルのバランスを調整したり、神経の興奮を抑えたりする栄養素。ダイエット中に便秘、むくみなど不調が出やすい人、食欲が抑えられず過食してしまう人は、

マグネシウムが不足しているかもしれません。
疲労が溜まっているときは、
食事からのミネラルの吸収率が低下しがちです。
でも、エプソムソルトをお湯に溶かして浸かれば、
体調に関係なくマグネシウムを皮膚から吸収させて
体内に取り入れることができます。
半身浴だと吸収率がかなり下がるので、
背中や脇まで全身お湯に浸かりましょう。
また、マグネシウムは皮膚からゆっくり吸収されていくので、
ぬるめの湯に15分以上（できれば20分ほど）入浴します。
ただし、体調が悪いときは
無理に長湯をしないでくださいね。

※エプソムソルトがどうしても体質に合わない場合は、お好みの入浴剤を使用して、お湯に浸かりましょう。

睡眠は7時間前後。2日目に備えてしっかり寝る

筋肉を成長させるための要素のひとつが、休息（睡眠）です。睡眠中、成長ホルモンの分泌が高まって筋肉が修復・再生され、疲労も回復します。昼間に筋トレと有酸素運動を頑張った筋肉は、ヘトヘトの状態。睡眠をしっかりとって筋肉に休息を与えてください。そうすることで、2日目の筋トレ＆有酸素運動でしっかり動けるカラダの準備が整います。夜の静的ストレッチと入浴で副交感神経が優位になると、カラダがリラックスモードに。

早めに布団の中に入り、ぐっすり眠りましょう。
1日目の夕食では次の日の筋トレに向けて
糖質をしっかりとったので、
回復スピードはさらに高まります。
また、週末だけダイエットの2日間だけではなく、
睡眠は平日もしっかりとるようにしましょう。
睡眠時間が短いと、起きているときの活動代謝が低下したり、
過食しやすくなったりして肥満につながります。

COLUMN

散歩のモチベは意外と「靴」で上がる

有酸素運動の早歩きウォーキングを始めるときは、シューズを購入して“形から入る”のはどうですか？　快適に歩き続けられれば、おのずと歩行距離が長くなって消費カロリーがアップします。

運動初心者の場合、ウォーキングシューズではなく、クッション性の非常に高い、ランニングシューズがオススメ。膝への負担を軽減でき、ふくらはぎや前ももの負担も減って、脚やせにも効果的です。

僕がオススメしているのは、アシックスの『ゲルカヤノ（GEL－KAYANO）』というランニングシューズ。これは10年ほど前からランニング・ウォーキング初心者の定番のシューズになっています。クッション性に優れ、縦横にサポートが入っているので安定性も高く、長い距離を歩いても疲れにくいんです。ウォーキングをより快適にしたい人は、ぜひチェックしてみてください！

PART 2

週末だけダイエット 2日目

2日目の朝も トイレに行った後の 体重測定からスタート！

2日目も朝起きてトイレに行ったら**体重と体脂肪率**を測りましょう。昨日（1日目）の夕食で、2日目の筋トレのために使う糖質をとったので、体内にガソリン（筋グリコーゲン）が蓄えられている状態です。だから、もしここで体重が減っていなくても問題なし。焦らないでくださいね。

運動習慣がなかった人は、1日目の上半身の筋トレで胸などに筋肉痛が出ているかもしれません。筋トレで鍛えた部位は修復のために休息が必要。上半身への負担がないよう、2日目は**下半身を鍛える筋トレと有酸素運動**をします。

布団の上でできる動的ストレッチで下半身の筋肉を活動モードに

朝の動的ストレッチは、布団の上などで**寝ながら行えるメニュー**をメインにしました。朝食の2時間後に下半身の筋トレをするので、お尻、内もも、前ももなどを中心にストレッチ。また、2日目も1日目と同様、筋トレ後に5～10分間休んだら1回目（30分）の有酸素運動をスタート！

2日目に下半身の筋トレを行うのには理由があります。1日目に下半身の筋トレを行ってしまうと、筋肉痛の影響で有酸素運動の消費カロリーが下がってしまうから。

下半身に筋肉痛がない今のタイミングが、体脂肪との勝負だと思って有酸素運動をやるようにしましょう。

A

座ってお尻伸ばし

お尻の筋肉は股関節の動きなどに関わり、
硬さをほぐしてから下半身の筋トレをすることでキュッと上がったヒップに！

ここに効く！ ●お尻全体

左右 各30秒

1 布団の上で、あぐらを組んで座る。
右脚はそのままで、左脚を右膝の外側に置く。
両手で左膝を持つ。

カラダが硬くて後ろに倒れてしまう人は、
壁ギリギリまでお尻を近づけてやってみて。

これは **NG**

カラダが正面を向いていない

胸を張り、お尻をプリッとさせて、カラダが正面を向いたまま、膝をしっかり両手で引きつけましょう。

2

背中をまっすぐにして、
カラダは正面を向いたまま、顔を左側に向ける。
両手で左膝を胸に引きつけたり、少しゆるめたりする。
これを30秒繰り返す。
脚を組み替え、反対側も同様に。

B

仰向けカエルストレッチ

一般的なカエルストレッチはうつ伏せで行いますが、
カラダが硬い人だと負荷が強くて痛みが出る場合も。仰向けなら
脚の重みを適度な負荷にできるので、内ももを無理なく伸ばせます。

ここに効く! ●内もも

30秒

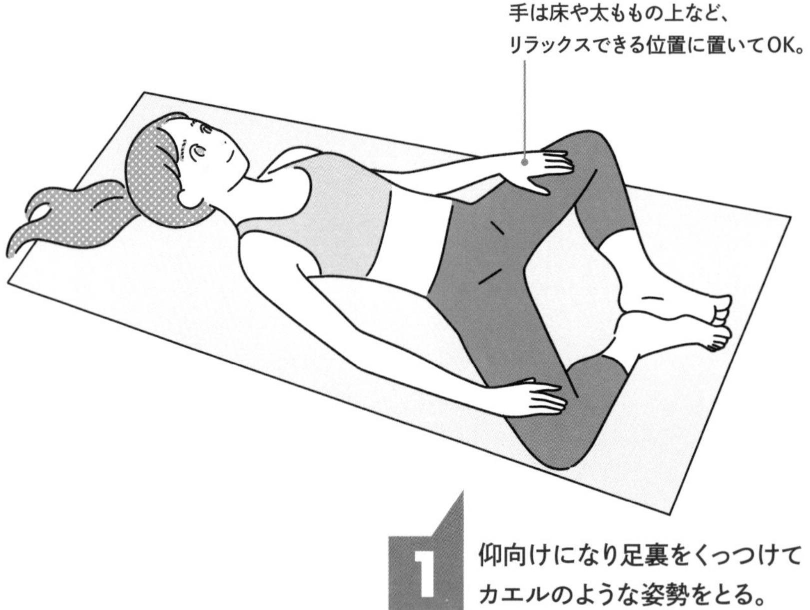

手は床や太ももの上など、
リラックスできる位置に置いてOK。

1 仰向けになり足裏をくっつけて
カエルのような姿勢をとる。

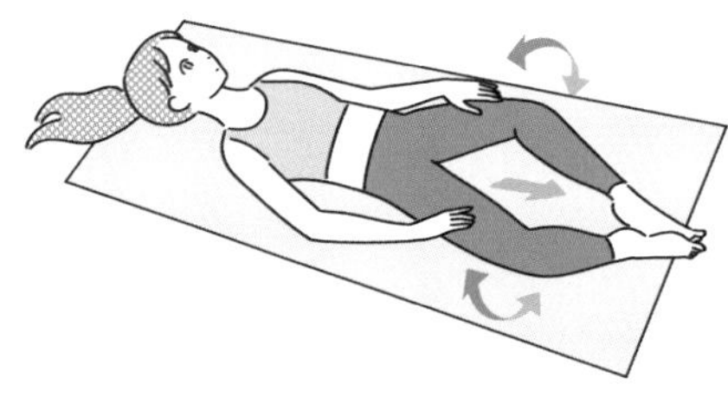

これは NG

かかとの位置が離れすぎている

かかとの位置がカラダから離れていると、内ももが伸びない。カラダに近い位置に置くこと。

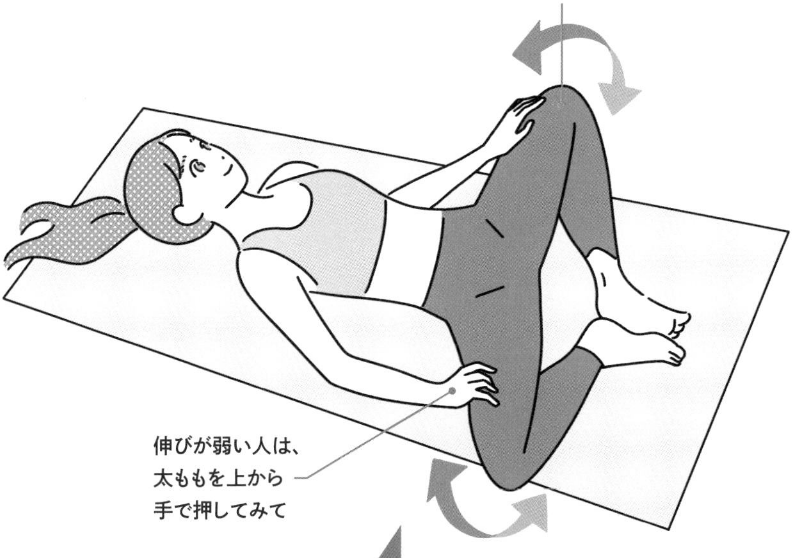

大きく動かしすぎると
ストレッチ効果が落ちるので、
膝の動きは最小限に

伸びが弱い人は、
太ももを上から
手で押してみて

2 足裏をくっつけたまま、膝を小刻みにゆらゆら動かし、内ももをほぐす。30秒繰り返す。

C

寝ながら前もも伸ばし

前ももをほぐすと、前ももの負担が減り、お尻を有効的に使えるようになります。
脚やせとヒップアップの両立も可能です。

ここに効く! ●前もも

左右 各30秒

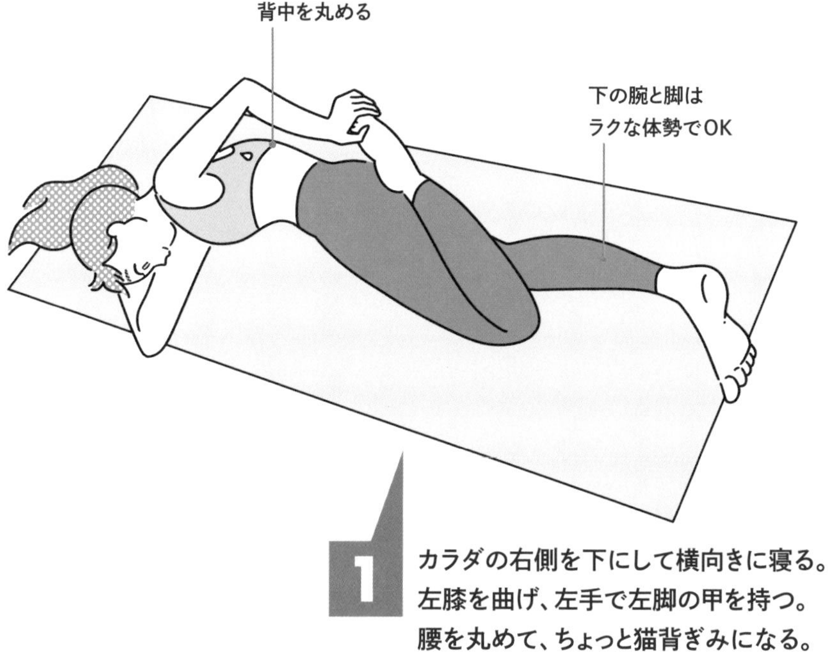
おへそを見るように
背中を丸める
下の腕と脚は
ラクな体勢でOK

1 カラダの右側を下にして横向きに寝る。
左膝を曲げ、左手で左脚の甲を持つ。
腰を丸めて、ちょっと猫背ぎみになる。

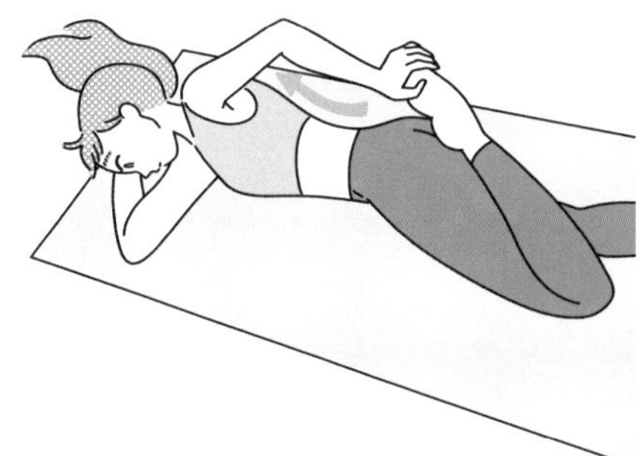

これはNG

動作中に腰が反る

腰はずっと丸めたまま、前ももの伸びが感じられるポジションで。限界まで膝を引き寄せてゆるめる、を繰り返す。

2 左手で左のかかとをお尻につけるように ぐーっと引き寄せて前ももを伸ばす。 お尻にかかとをつけたまま、 力をゆるめて膝の位置を少し戻す。 30秒繰り返す。反対側も同様に。

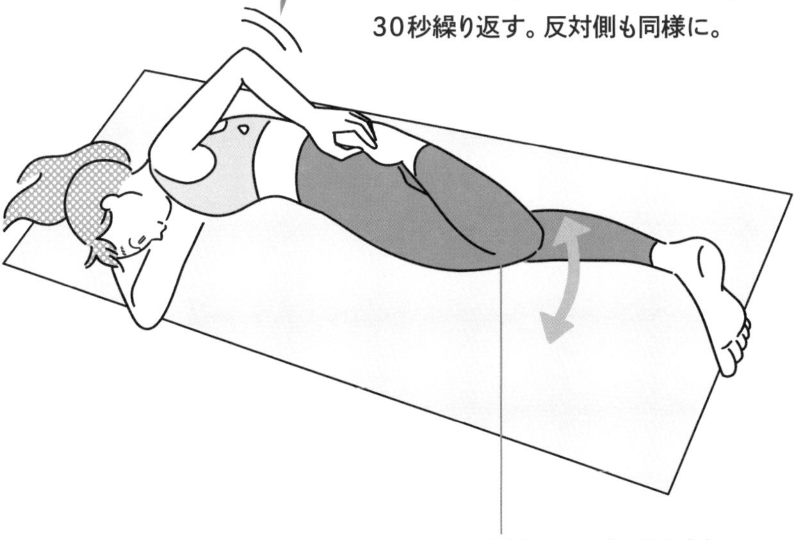

お尻にかかとをつけたまま、
膝を前後にゆらゆら

朝ごはんで筋トレ前のガソリン補給！このタイミングなら和菓子もOK!

甘いものを食べたいなら筋トレ前の朝食で和菓子もアリ！

2日目の朝食の栄養のポイントは、1日目の朝食と基本的に同じ。午前中の筋トレに備え、食物繊維が豊富なオートミールやもち麦ごはんではなく、消化吸収の早い白米ごはんやおもち、和菓子などをあえて選びましょう。

また、2日目も**たんぱく質を1食で20g以上**とり、筋肉の分解を防ぎ、筋トレ効果をUPさせます。脂質を控え、吸収・速度を早めるため、朝食では高たんぱく・低脂質の**鶏むね肉、鶏ささみ、ツナ水煮缶**などの食材を選びましょう。脂質が少ないあんぱんなどのパン食でもOKです。

1日目の疲労があるので、強度の高い筋トレをやりきるには根性だけでは難しく、やはり栄養素の後ろ盾が必要です。朝食の糖質＋たんぱく質で、筋トレを頑張るための準備が万端に！

朝ごはん 選べる

Check! ↓ P26~27

その❶
買うだけコース

朝ごはんのチョイスは1日目の朝と同じ。
ここでは石本オススメの組み合わせ例を紹介します。

おにぎり1個

サラダチキン1個

Point
筋トレ前の朝ごはんはあれこれとるよりシンプルが最強。

A: お手軽おにぎりプラン

「こんな質素な食事で本当に大丈夫なの?」と思うかもしれませんが、むしろ筋トレ前の食事はこれくらいシンプルに糖質とたんぱく質に特化したほうが、筋トレの効率が確実にUPします！ 食事管理は1日単位で考えるべきなので、カラダに必要なその他の栄養素の摂取はお昼ごはんや晩ごはんに任せましょう!

筋トレの効率UPのために

運動不足の人は、筋トレ中に足をつることも。直前の食事でお酢をとると、改善することが多いです。必須ではありませんが、気になる人はぜひ朝ごはんに追加しましょう。

例：もずく酢、ピクルス、お酢ドリンクなど

あんパン以外を選ぶ場合は脂質少なめのものを選んで。

あんぱん1個

脂質ゼロの濃縮ヨーグルト1個

コンビニプロテイン1個

B: 欲を満たすパン食プラン

あんぱんは特別優れた栄養バランスではないですが、脂質が少なく、すばやく糖質を吸収利用させたい筋トレ前のタイミングでは優秀な食材に早変わり。白米に比べるとやはり少しだけ脂質や食物繊維が入ってくるので、ローテーションのひとつとして取り入れるのが吉。裏面を見て1個あたりの脂質が5g以下だと少ないと判断してOK。

その❷ 簡単レシピコース

鶏チャーシュー丼

Pick up!

酢

運動中に足がつる女性が意外と多いですが、実は運動前の酢の摂取で予防効果アリ。

材料

鶏むね肉 …… 小さめ1/2枚(100g)

A
- しょうゆ …… 大1
- みりん …… 大1
- 酒 …… 大1/2
- 酢 …… 大1/2
- きび砂糖 …… 大1/2
- しょうが(チューブ) …… 1～2㎝
- にんにく(チューブ) …… 1～2㎝

長ネギ …… 15g(5㎝)

ごはん …… 100～150g

作り方

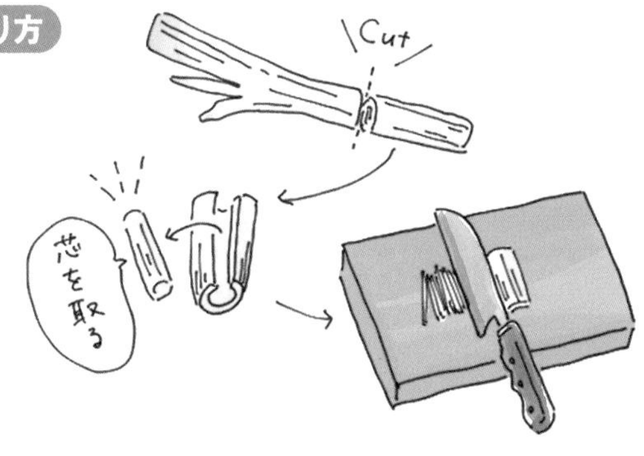

1

長ネギは繊維に沿って中央まで切り込みを入れ、芯を取り出す。白い部分を細切りにし、水にさらす（10分ほど）。

2

耐熱容器にAの調味料を入れて混ぜ合わせる。鶏むね肉の皮をとり、表裏にフォークで穴をあけ、たれの入った器に入れて全体になじませる。

3

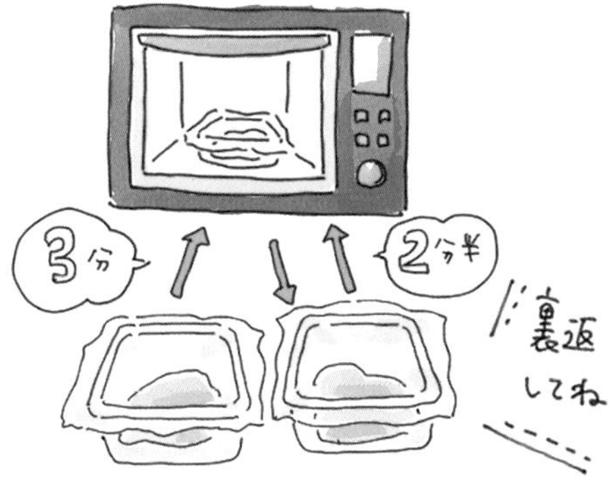

皮目を上にしてふんわりラップをかけ、電子レンジ600wで3分加熱し、裏返してさらに2分30秒加熱し、5分放置する。粗熱がとれたら食べやすい薄さに切る。器にごはん、鶏むね肉を並べ耐熱容器に残ったたれを上からかけ、1の長ネギをのせる。

その❸ 簡単レシピコース

マグロのごまみそ漬け丼

パプリカの和風マリネ

Pick up!

パプリカ

野菜の中で群を抜く抗酸化作用アリ。筋トレ前なのでお酢でマリネに。

マグロのごまみそ漬け丼

材料

マグロ …… 90g
キムチ …… 30g
A
- 白すりごま …… 小1
- みそ …… 小1
- しょうが(チューブ) …… 2〜3㎝

B
- しょうゆ …… 小1/2
- みりん …… 小1
- 酒 …… 小1

長ネギ …… 15g (5㎝)
ごはん …… 100〜150g

パプリカの和風マリネ

材料

パプリカ …… 1/2個
A
- 酢 …… 大1/2
- めんつゆ …… 小1と1/2
- きび砂糖 …… 小1/2
- 輪切り唐辛子 …… 少々

作り方

1 パプリカは5㎜幅の細切りにし、耐熱容器に入れ、ラップをふんわりかけて電子レンジ600wで1分加熱する。
2 Aのマリネ液を加えて和える。

作り方

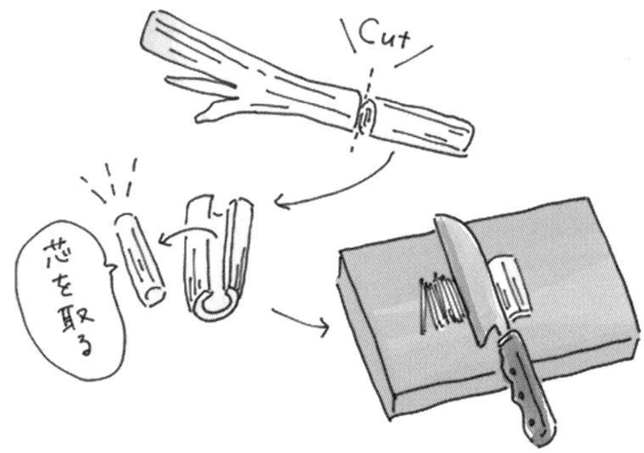

1

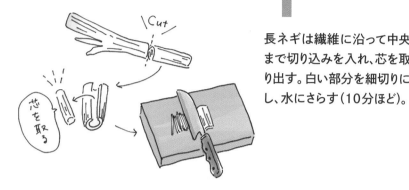

長ネギは繊維に沿って中央まで切り込みを入れ、芯を取り出す。白い部分を細切りにし、水にさらす（10分ほど）。

2

耐熱容器に**B**を入れ電子レンジ600wで30秒加熱する。

3

トレイに**2**、**A**を入れ全体を混ぜ合わせ、マグロを5分ほど漬け込む。器にごはん、マグロを並べ白髪ネギを上からのせる。

A

3段階ワイドスクワット

このワイドスクワットは、しゃがむ幅を3段階に分けることで、
内ももの筋肉を効率よく刺激し、O脚や内もものたるみ改善に効果的。

ここに効く! ●内もも ●お尻

余裕が出てきたら負荷をアップ!
ペットボトル(500ml)2本やダンベルを用意し、両手に持って行う。

90秒 ×2〜3セット
セット間の休憩は1分

目線は斜め下へ

腕は体の前で自然に下ろす

つま先の角度は45度

1

足を肩幅より広く開いて立ち、
つま先を外側に向ける。
上体をまっすぐにして少し前に倒し、
膝を少し曲げる。

これはNG

膝がつま先より前に出る

膝がつま先より前に出ると、前ももに効いて美脚効果が薄れてしまいます。

1段階目

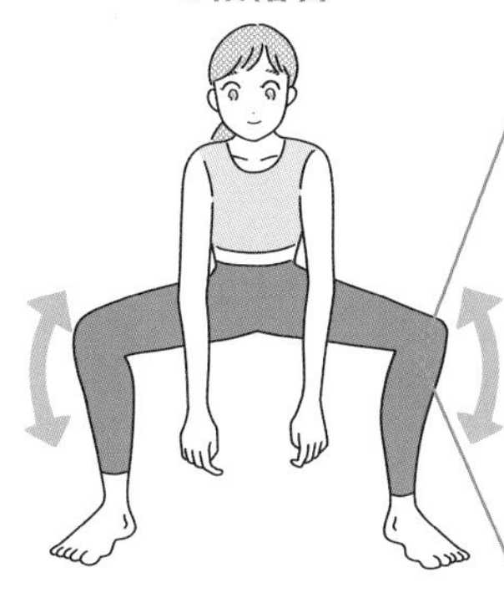

鏡で正面から見て、
膝が動いているかチェック！

2

上体の角度をキープしたまま、
なるべく深くしゃがむ。
その深さのまま、ほんの少し立ち上がり、
ほんの少ししゃがむを30秒くり返す。

膝が前に出ないように、
しっかりガニ股をキープ

2段階目

常に膝と膝を離したり、
近づけたりする意識を持つ

3

膝を伸ばしていき、
完全に伸びきるちょっと手前でストップ。
しゃがみが浅い位置で、2と同様に、
ほんの少し立ち上がり、
ほんの少ししゃがむを30秒繰り返す。

3段階目

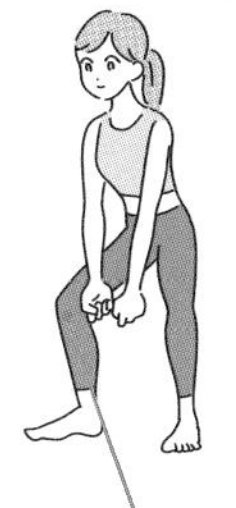

膝を完全に伸ばさないことで、
内ももをずっと刺激！

4

3段階目は、
2と3の深さを同時に行う。
なるべく深くしゃがみ、
膝が伸びきるちょっと手前まで
立ち上がる、を30秒繰り返す。

自分の後ろ姿を見ることはあまりないので、気づいたら
お尻が垂れているなんてことも……。
この種目で、お尻と裏ももを鍛えて、後ろ姿美人に！

ここに効く！ ●お尻 ●裏もも

左右各60秒×2〜3セット

延長30秒までOK
セット間の休憩は1分

余裕が出てきたら負荷をアップ！
伸ばしているほうの腕の手で、ペットボトル（500ml）やダンベルを持って行う。

イスの背、テーブルなどを
手でつかんでもOK

1 壁を横にして
右手を当てて立つ。

背中は、まっすぐか猫背で。
腰は絶対反らない

目線は左膝を
見続ける

2 右脚を後ろに引いてゆっくりしゃがみ、右膝を地面にちょんとつける。

左膝は常にかかとの真上でキープ

これは **NG**

しゃがんだときに膝が前に出る

膝が前に出ると膝を痛めやすくなる上に、脚が太くなりやすいので注意！

3 左脚のかかとをぐっと踏み込んで立ち上がる。

2～**3**を60秒繰り返す。
立ち上がるときはすばやく、
しゃがむときはゆっくりを意識。
左脚が終わったら休憩を挟まず、
すぐに右脚を行う。

上がるとき、壁につかまっている手にぐっと力を入れてもOK

うまくできない場合は、シューズを履いてみて

C

猫背でつま先タッチ

すべての筋トレの中で、最も裏ももの見た目をキレイにしてくれる種目!
裏ももについたにっくきセルライトを解消! 自信が持てるように!

ここに効く! ●裏もも ●お尻

余裕が出てきたら負荷をアップ!
両手でペットボトル(500ml)やダンベルを持って行う

左右 各60秒 ×2〜3セット

延長30秒までOK
セット間の休憩は1分

腰を反らさない!
猫背でOK
視線は下に向ける
前に出した足の位置は
最後まで動かさない

1 左足を大きく一歩前に出し、脚を大きく前後に開いて立つ。
猫背になって上体を前に倒す。
両手のひらを合わせて、腕を下に伸ばす。

これは**NG**

腰を反らせる

腰を反らせると裏ももやお尻ではなく、腰の筋肉を使ってしまうので注意!

とにかく上半身だけ動かす
両脚は一切動かさない

2

**猫背のまま、上体をゆっくり倒し、
両手の指先を左足のつま先にタッチ。
猫背のまま 1 の体勢まで上体を起こす。
1 ～ 2 を1分繰り返す。
左足が終わったら休憩せず、すぐ右足を行う。**

 カラダが硬い人は指先がつかなくてもOK。

\ P38～39参照 /

筋トレが終わったら、休憩を挟んでから有酸素運動へGO!!

2日目の昼ごはんで **脂質** を解禁！塩分を徹底排除する

2日目の昼食から糖質と塩分を徹底カットして体脂肪とむくみを落としきる!

1日目と同様に、有酸素運動が終わったら1~2時間空けて食事をとりますが、中身はがらりと変わります。2日目の昼食からは糖質をぐっと減らし、たんぱく質+脂質の食事にします。糖質をしっかりとるのは筋トレの効果を最優先にしたいからですが、ここからは筋トレがないので、体脂肪減とむくみ改善を最優先にしていきます。

1gあたり4キロカロリーの糖質ではなく、1gあたり9キロカロリーの脂質を減らした方が、カロリーが抑えられて確実にやせられます。しかしそれだと、100%〝老けやせ〟の状態になります。脂質は細胞膜やホルモンの材料になる重要な栄養素。健康・美容のためには脂質をとることも大切です。

女性の大敵であるむくみは、塩分を減らすことが最も効果的です。お昼ごはん以降は塩分も徹底的に控えていきます。

その❶

買うだけコース

2日目のお昼ごはんは、たんぱく質+脂質グループから1つに加えて、
たんぱく質グループから1つ、さらに豆腐半丁と、むくみ対策のトマトジュースをとります。

たんぱく質+脂質

下から どれか1つ

ゆで卵
2個

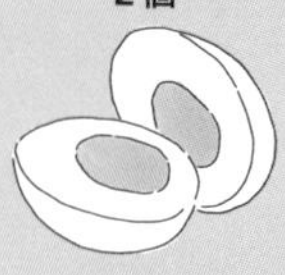

卵焼き
1包装

温泉卵
2個

＋

たんぱく質

下から どれか1つ

ヨーグルト

シーチキン水煮
(ささみ缶も可)

＋

たんぱく質+α

※調味料を使う場合はレモン汁やお酢がオススメ

＋

むくみ対策

トマトジュース

※どうしてもトマトジュースダメな方はカリウム多めの野菜ジュース

なぜトマトジュースなの?

トマトジュースをとる1番の目的は、むくみ対策のためのカリウムですが、食事から適量をとろうとすると、そこそこのカロリーになってしまったり、塩分が入ってきてしまうことも。トマトそのものであれば最低でも2個以上食べる必要があるため、トマトジュースが最適です。

もっと教えて！ 石本先生

Q：苦手な食材、アレルギーの食材がある場合はどうすればいい？

A：レシピを選ぶか買うだけコースにチェンジを

簡単レシピコースは、ピックアップ食材を変えて2パターン紹介しているので、おいしく食べられるほうのレシピを選んでください。どちらも苦手、またはアレルゲンの食材があるなら、買うだけコースに変更してください。また、下記の例のように栄養摂取の目的に合う食材に代える方法もあります。「考えるのが面倒！」という人は、たんぱく質の食材をプロテインに置き換えるのが手軽です。

- **高たんぱくで低脂肪**

  鶏むね肉、鶏ささみ、豚・牛ヒレ肉、マグロの赤身、カツオ

- **良質な脂質を含み、高たんぱく**

  青魚（サバ、イワシ、サンマ、アジ）、鮭

  ※魚が苦手なら、くるみなどのナッツ（無塩）＋プロテインを組み合わせる方法もあります。

- **野菜、果物に苦手なものがあるなら**

  サプリのマルチビタミン・ミネラル、ビタミンCをプラスしてもOK

Q：栄養面でキレイやせ効果をさらにアップする方法は？

A：マルチビタミン・ミネラルなどのサプリで栄養素を底上げしても

「健康的にキレイにやせるために、使えるものは全部使う！」という人は、サプリメントを取り入れる方法もあります。ダイエット中、カロリーを気にしながらビタミン、ミネラルをバランスよくとるのは難しいもの。ベースサプリのマルチビタミン・ミネラルで補うと栄養の底上げができ、カラダの調子を整えるのに役立ちます。また、美容面の効果を高めたい場合は、ビタミンCのサプリがオススメです。

石本プロデュース
ホワイトマルチビタミン&ミネラル

その❷ 簡単レシピコース

たっぷりサルサオムレツ

ブロスプおかか冷奴

トマトジュース

むくみ対策のため必ず飲もう!

たっぷりサルサオムレツ

材料

卵 …… 2個

A
- 豆乳 …… 大2
- 塩 …… 少々(0.3g)
- こしょう …… 少々

トマト(1㎝角) …… 1/2個
きゅうり(みじん切り) …… 1/4本(25g)
たまねぎ(みじん切り) …… 20g

B
- ケチャップ …… 小2
- レモン汁 …… 小1/2

ブロスプおかか冷奴

材料

絹ごし豆腐 …… 150g
ブロッコリースプラウト …… 10g

A
- ぽん酢しょうゆ …… 小1
- かつお節 …… 1g
- ブラックペッパー …… 少々

作り方

1 ボウルにブロッコリースプラウト、Aを入れてよく和える。
2 器に絹ごし豆腐を盛り、上から1をのせる。

Pick up!

卵

ビタミンCと食物繊維以外のすべての栄養素がとれるといわれるほぼ完全栄養食材。毎日取り入れたい。

豆腐

栄養素的にはそこまで強くないが、食べた感がしっかりある上にそれなりにたんぱく質がとれるので選択肢に。

作り方

1

ボウルに卵を割り入れ、Aを加えて混ぜる。

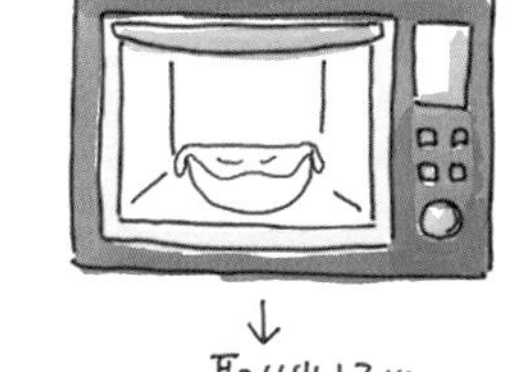

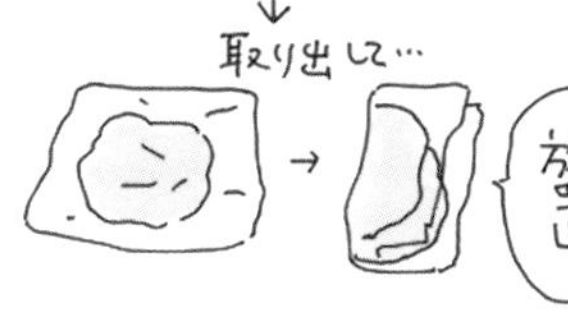

2

深さのある耐熱容器にラップを敷き、1を流し入れ、電子レンジ600wで1分加熱する。一度取り出して全体をかき混ぜ、さらに600w1分加熱したらラップごと半分に折りたたみ、そのまま放置する。

3

トマトときゅうり、たまねぎを切ってボウルに入れる。Bを入れてよく混ぜる。器に2を盛り、ソースをかける。

その❸ 簡単レシピコース

ヘルシー卵とじ丼

Pick up!

ブロッコリースプラウト
スーパーで手に入る食材で最も抗酸化作用をもたらす。噛めば噛むほど効果アップ。

ブロッコリー
野菜の中では高たんぱく質で食物繊維も多い。歯ごたえもあるので、ダイエット中のかさましに○。

ヘルシー卵とじ丼

材料

絹ごし豆腐 …… 150g
卵 …… 2個
しいたけ(薄切り) …… 2枚
キャベツ(3㎝角) …… 50g
すりおろししょうが …… 小1/2
A めんつゆ …… 小1
A 水 …… 小2

ブロ親子のり和え

材料

ブロッコリー …… 50g
ブロッコリースプラウト …… 10g
のり …… 1/2枚
めんつゆ …… 小1

作り方

1 ブロッコリーは小房に分けて耐熱容器に入れ、水大さじ1(分量外)を回しかけ、ラップをふんわりかけて電子レンジ600wで1分加熱する。
2 ボウルに1、ブロッコリースプラウト、めんつゆ、細かくちぎったのりを入れて和える。

作り方

キッチンペーパーで
包んでね

1

絹ごし豆腐をキッチンペーパーで包み、電子レンジ600wで1分30秒加熱し、水切りする。しいたけ、キャベツを切る。卵はボウルに割り入れて溶きほぐす。

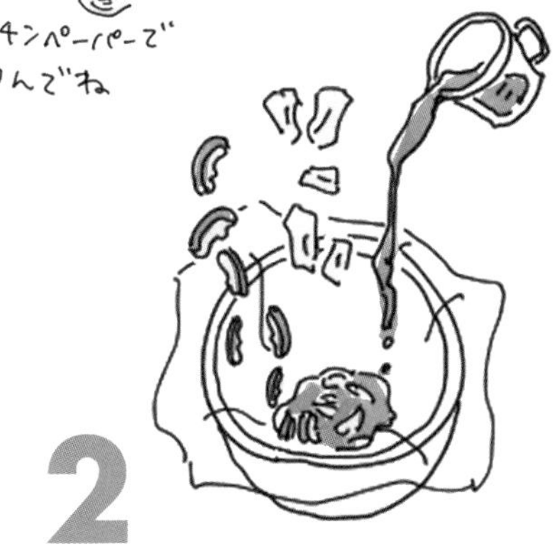

2

深さのある耐熱容器にラップを敷き、しいたけ、キャベツ、しょうがを入れ、**A**を全体に回し入れる。ふんわりラップをかけ、電子レンジ600wで1分加熱する。

3

2に溶き卵を加えて全体を軽く混ぜ合わせ、ラップをせずに電子レンジ600wで1分30秒～2分加熱する。深さのある器に豆腐を入れ、卵とじをのせる。

3つのドリンクをベストなタイミングでしっかりとっておく

2日目も、間食で3つのドリンクを活用していきます（P52〜参照）。昼食と夕食の時間を考え、真ん中あたりで無調整豆乳をとりましょう。有酸素運動の直前にはカフェインでやる気を引き出します。『週末だけダイエット』最後の有酸素運動なので、カフェインの力を借りて、最後まで体脂肪を燃やしきりましょう。

有酸素運動後には栄養ドリンクを。疲労を平日に持ち越さないためにも、忘れずに飲んでおきましょう！

最後の晩ごはんは たんぱく質+ 良質な脂質+ 食物繊維を

最後の食事も糖質と塩分を減らしてダイエットのラストスパート！

週末だけダイエットのゴールはすぐそこ！　筋肉量を維持、あわよくば増やしながら体脂肪とむくみをさらに減らすため、夕食も糖質と塩分をカットし、**たんぱく質と脂質がメイン**の食事をとりましょう。最高の結果を出すためには、「とるとき」「とらないとき」のメリハリが重要です。さらに、健康的にキレイにやせるダイエットには、たんぱく質だけではなく脂質の〝質〟にこだわることも大切。イチ押しの食材は、**サバ缶、サンマ缶などの青魚の缶詰**です。

青魚に多く含まれるDHA、EPA（オメガ3脂肪酸）は、血中の中性脂肪を減らす働きがあり、健康のために摂取したい良質な脂質です。DHA、EPAは空気中の酸素にふれると酸化しやすいため、缶詰がオススメです。

さらに、ダイエット中に食事量を減らすと便秘になりやすいため、補助として**食物繊維**をプラス。腸内環境を整えましょう。

その❶
買うだけコース

2日目の晩ごはんは良質な脂質がとれるたんぱく質をチョイス。
さらに食物繊維もとります。

たんぱく質・脂質

下からどれか1つ

サバ缶、サンマ缶、イワシ缶、鮭缶など魚の缶詰め

＼ 固形量80-100g程度の小さめの缶 ／

サバ、アジ、サーモン、タイ、カンパチ、イワシ、中トロ、ブリなどの刺身

しょうゆのつけすぎ注意
調味料を使いたい場合は、レモン汁やお酢がオススメ

＋

たんぱく質

下からどれか1つ

ゆで卵
1個

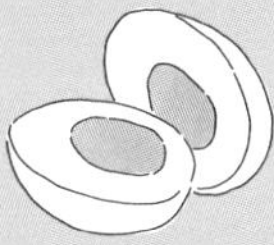

ヨーグルト
好きなものでOK

プロテイン
コンビニで売っているもの

シーチキン水煮

＋

食物繊維・かさまし

下からどれか1つ

海藻サラダ
きのこサラダ
など

ドレッシングはノンオイルかつ、かなり少量を意識して

糖質ゼロ麺

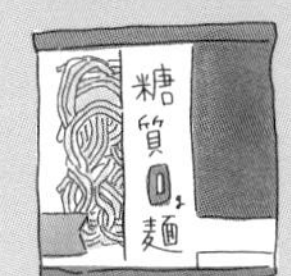

つゆを使う場合は減塩を選んで

その❷ 簡単レシピコース

サバのつけ麺

Pick up!

青魚

食材の中で最も良質な脂質を多く含む最強食材、それが青魚。キレイに健康的にやせたいなら必須レベル。

糖質ゼロ麺

最近の糖質ゼロ麺は本当に美味しい。かさまし役として非常に優秀。意外と食物繊維もとれるので○。

材料

サバ缶（またはイワシ・サンマ）…… 100g
たまねぎ（みじん切り）…… 1/4個（50g）
えのきたけ（2㎝の長さ）…… 50g
A
すりおろしにんにく …… 小1/2
すりおろししょうが …… 小1/2
ごま油 …… 小1と1/2
B
めんつゆ …… 小1
鶏がらスープの素 …… 小1/3
かつお節 …… 1.5g
水 …… 100㎖
もやし …… 50g
卵 …… 1個
のり …… 1/4枚
糖質ゼロ麺 …… 1袋

作り方

1

たまねぎ、えのきを切る。糖質ゼロ麺は水気を切っておく。つけ合わせのもやしは耐熱容器に入れ、水大さじ1（分量外）を回しかけ、電子レンジ600wで1分加熱する。卵は沸騰した湯で7分ゆで、冷水に上げておく（お好みのゆで時間でOK）。

2

小鍋にA、たまねぎを入れ、たまねぎがしんなりするまで炒める。えのき、サバを加え、サバを粗くほぐしながらえのきがしんなりするまで炒める。Bを加えてひと煮立ちさせる。

3

器に糖質ゼロ麺、もやし、殻をむいて半分に切ったゆで卵、のりをのせる。2をお椀に盛る。

その❸ 簡単レシピコース

きのことくるみの満足サラダボウル

Pick up!

くるみ

魚が一切食べられないのであれば、ナッツから良質な脂質をとろう。中でもくるみはかなり優秀。

鮭

青魚ほどではないが、鮭にも良質な脂質が豊富。抗酸化作用のあるアスタキサンチンも含む。

材料

生鮭（切り身）…… 1切れ
酒 …… 大さじ1
キャベツ（千切り）…… 100～150g
トマト（角切り）…… 1/2個
ブロッコリー …… 50g
しめじ …… 50g
パプリカ（5㎜幅）…… 1/4個
ミックスビーンズ …… 1パック（50g）
にんにく（みじん切り）…… 1片
くるみ（無塩）…… 15g
オリーブオイル …… 小2
塩 …… 1g
レモン汁 …… お好みで
ブラックペッパー …… お好みで

作り方

1

鮭を耐熱容器にのせて酒を振りかけ、ふんわりラップをかけて電子レンジ600wで2分30秒加熱。粗熱がとれたら粗くほぐしておく。野菜はそれぞれ切り、しめじ、ブロッコリーは小房に分ける。ブロッコリーは耐熱容器に入れ、水大さじ1(分量外)を回しかけ、ラップをふんわりかけて電子レンジ600wで1分加熱する。

2

フライパンにオリーブオイルを熱し、にんにく、しめじ、手で砕いたくるみを入れ、しめじに焼き目がつくまであまり動かさずじっくり炒める。しめじに焼き目がついたら、塩を加えて全体を混ぜ合わせ、フライパンの端に寄せる。空いたところにブロッコリー、パプリカを入れてさっと炒める。

ブロッコリーと
パプリカは
後から入れる!

3

器にキャベツを盛り、その上に鮭、トマト、ブロッコリー、パプリカ、ミックスビーンズを盛り付け、最後に炒めたしめじとくるみをのせる。お好みでレモン汁、ブラックペッパーをかける。

最終日の夜の空腹感と達成感……締めのストレッチをして早めに就寝しよう

筋トレ、有酸素運動、たんぱく質・糖質・脂質・ビタミン・ミネラル・食物繊維、塩分や発酵食品、さらには食事のタイミングや組み合わせなど、細部まで計算し尽くされたダイエット……。2日目の週末だけダイエットのメニューをすべてやりきって、体はヘトヘト。でも、心は達成感に満ちていて

心地よい疲労なのではないでしょうか。
2日目の夜も、1日目と同じ静的ストレッチと入浴で
副交感神経を高めてリラックスし、寝つきを良くしましょう。
2日目の夕食では糖質を抜くので、
昨日よりも寝る前に空腹を感じるかもしれません。
それは体脂肪を消滅させるための〝攻めの空腹〟だと
プラスに捉えてみてください。
「お腹すいたな……」と思っている今そのとき、
脂肪がゴリゴリ落ちているのです。

2日間、筋トレと有酸素運動をやりきり、
おそらく空腹以上に疲労が上回り、
カラダが休息を求めてよく眠れるはずです。
翌朝、体重計にのるのを楽しみにして、早めに就寝しましょう！

結果発表!!

体重計にのって2日間の成果をチェック!

朝、トイレに行ったら体重計にのってみましょう。むくみがとれて体重が減り、鏡を見るとフェイスラインがスッキリしたと感じる人や、1日目と同じタイトな服を着てみると、お腹まわりに少しゆとりが出た人もいるかもしれません。

最初の2日間で体重や体脂肪率が減らなくても心配しないでくださいね。1回目で劇的変化を感じる人も多くいますが、2回3回と繰り返すことで、カラダがどんどん変わっていきます。平日と週末、〝オン・オフ〟のメリハリによって、無理なくダイエットとボディメイクを両立。余分な体脂肪が落ちて引き締まったボディになり、健康レベルもアップします!

読者代表・プニ子は
リバウンドが怖いの……

もっと教えて! 石本先生

Q: 平日は何を食べてもいいの?

A: 体重がキープできれば平日に何を食べてもOK

『週末だけダイエット』は、「頑張るのは週末の2日間だけで、平日の食事は普段通り楽しむ」のがコンセプトです。だから、体重がキープできれば、平日に何を食べても構いません。ただし、筋肉は週末だけではなく平日も作られているので、毎食たんぱく質が20g以上とれるように意識すると、さらに効果アップ!『週末だけダイエット』を繰り返していくと、「平日は体重キープ」➡「週末に体重ダウン」というリズムができ、体重の数値が徐々に減っていきます。

Q: 「週末だけダイエット」は毎週末続けなきゃダメ?

A: 無理に毎週末やる必要なし。頑張れる週末だけでOK!

外出の予定があるなど、毎週末このスケジュールをこなせない人もいると思います。また、疲労がたまっているときは無理をしないように。スケジュールをコントロールしやすく、体調の良い週末に行ってください。「1ヵ月後の同窓会までにやせたい!」など、イベントが近い場合は、毎週末頑張りましょう! また、土日が休みでなければ平日の2日間に行う方法もあります(2日間連続して行うことが必須です)。

Q: 2日間でかなりよい結果が出たので毎日続けてもいい?

A: それは絶対にNGです

なぜなら、この『週末だけダイエット』は2日間に凝縮することで「塩分をとらない」「糖質をとらない」など、極端な栄養摂取をしても健康的にやせられる内容になっているから。毎日続けてしまうと逆効果になってしまうので、はやる気持ちはわかりますが、そのやる気は週末に取っておいて、やるときはやる! でいきましょう!

この本の著者の石本哲郎です。

僕は女性専門のボディメイク指導者として仕事をしていますが、実は指導者なのにあまり運動が好きではなく、よくさぼったりします。それに、基本的にジャンクフードやラーメンが好きで月に1～2回程度はどう考えてもダメそうな食事をとっていますし、皆さんが思うような完璧な生活を送っているわけではありません。

でも今年41歳になりましたが、自分でいうのもなんですがスタイルも肌も体力もかなり若々しい自信があります。それはなぜか？　簡単な話です。

正しい知識を持っていて、最小の努力で最高の結果を出せるから。そしてやるときはやるから。

この2つが理由です。ダメな日がちょっとあっても、それを簡単にプラスにもっていけるほど、最高の日が存在しています。

ということで僕がこの本で伝えたいこと、それは、

毎日のように教科書に出てくるような完璧な生活を送らなくてもダイエットは成功する！　正しいダイエットの知識があれば努力を最小限にできる。頑張らない日がいくらあっても、頑張れた日の頑張りがすごければ、結果やせる

ということ。

本書では、とにかく1週間のうち5日間は本当に普段通りの生活でいい。何もしなくていい。ただ残りの2日間だけは、持てる力のすべてを注ぎ込んで頑張ってもらい、1週間トータルでやせる、ということにこだわっています。

僕がのべ1万人以上の女性を指導してきて得た知識を余すことなく注ぎ込んだ会心の内容になっています。毎日コツコツというよりも週末で一気にとりかえしたい！　という方や平日が忙しくてダイエットをする余裕がない方などはバッチリはまると思います。

石本先生を信じてぜひやってみてくださいね！　繰り返せば繰り返すほど、理想の身体にどんどん近づいていくはずですよ♪

即やせ確定!
週末だけダイエット

著者
石本哲郎

2021年10月30日　初版発行

発行者　横内正昭
編集人　青柳有紀

発行所　株式会社ワニブックス
〒150-8482　東京都渋谷区恵比寿4-4-9 えびす大黒ビル
電話　03-5449-2711(代表)
03-5449-2716(編集部)
ワニブックスHP　http://www.wani.co.jp/
WANI BOOKOUT　http://www.wanibookout.com/

印刷所　凸版印刷株式会社
製本所　ナショナル製本

※本書のメソッドは著者独自のものであり、効果・効用には個人差があります。
※事故やトラブルに関して本書は責任を負いかねますので、あくまでも自己責任においてご活用をお願いいたします。
※本書のメソッドを行うことに心配や不安がある場合は、専門家や専門医にご相談のうえお試しください。
※調理時間はあくまでも目安です。様子を見ながら電子レンジなどをご使用ください。

ISBN 978-4-8470-7112-6

装丁・本文デザイン
木村由香利(986DESIGN)

イラスト
えんぴつ座

レシピ考案
朝倉知世(女性専門パーソナルジムリメイク トレーナー兼管理栄養士)

構成
掛川ゆり

校正
深澤晴彦

編集
野秋真紀子(有限会社ヴュー企画)

編集統括
吉本光里(ワニブックス)